La monadolog

avec étude et notes de

Freiherr von Gottfried Wilhelm Leibniz

Alpha Editions

This edition published in 2024

ISBN : 9789357967105

Design and Setting By
Alpha Editions
www.alphaedis.com
Email - info@alphaedis.com

Contents

I. IDÉE MAITRESSE

Leibniz[1], tout jeune encore, apprit la philosophie d'Aristote et des scolasliques[2]; et ce système lui sembla contenir la véritable explication des choses. Bien que déjà familier avec Platon et «d'autres anciens», c'est pour l'Ecole qu'il se prononça.

[Note 1: C'est ainsi que nous croyons devoir écrire le nom de ce philosophe; car il signait lui-même: _Leibniz. _Toutefois *Leibnitz* est aussi une orthographe courante.]

[Note 2: LEIBNIZ, _Lettre I à Remond de Montmort, _datée de 1714, 701b, Erdmann, Berlin, 1840.]

Un peu plus tard, il «tomba sur les modernes» et se mit à les étudier avec la même curiosité, poussé déjà par le désir «de déterrer et de réunir la vérité ensevelie et dispersée dans les opinions des différentes sectes des philosophes[3]». Il lut Keppler, Galilée, Cardan, Campanella, Bacon, Descartes[4]. Et ses convictions philosophiques ne tardèrent pas à se modifier, sous l'influence de ces penseurs d'allure nouvelle. «Je me souviens, dit-il, que je me promenai seul dans un bocage auprès de Leipsic, à l'âge de quinze ans, pour délibérer si je garderais les Formes substantielles. Enfin, le Mécanisme prévalut et me porta à m'appliquer aux mathématiques[5].»

[Note 3: *Ibid.* p. 701b.]

[Note 4: LEIBNIZ, *N. Essais*, p. 205.]

[Note 5: LEIBNIZ, _Lettre I à Remond..., _p. 702a.]

«Mais, continue Leibniz, quand je cherchai les dernières raisons du Mécanisme et des lois mêmes du mouvement, je fus tout surpris de voir qu'il était impossible de les trouver dans les mathématiques et qu'il fallait retourner à la métaphysique. C'est ce qui me ramena aux entéléchies, et du matériel au formel et me fit enfin comprendre, après plusieurs corrections et avancements de mes notions, que les Monades, ou les substances simples, sont les seules véritables substances et que les choses matérielles ne sont que des phénomènes, mais bien fondés et bien liés[6].»

[Note 6: LEIBNIZ, *Lettre I à Remond...*, p. 703a.]

Leibniz fut donc scolastique d'abord, puis cartésien, avant d'être lui-même. C'est comme par un chemin en zigzag qu'il parvint à la découverte de son idée maîtresse. De plus, cette idée fut, pour lui, le résultat d'une incubation qui dura près de vingt ans, et dont il est possible de suivre les phases principales.

En 1670, il réédite, sur l'invitation de Boinebourg[7], *l'Antibarbare* de Nizolius. Et, dans sa préface à cet ouvrage, il prend la défense de l'Ecole. Sa pensée est déjà «qu'il y a de l'or dans ces scories[8]». Il proteste contre la mode, alors régnante, d'englober Aristote et tous les philosophes du moyen âge dans la même réprobation. Il reproche même à l'auteur d'avoir confondu, avec des scolastiques de second ordre, un esprit tel que saint Thomas d'Aquin[9]. En 1671, il compose sa *Théorie du mouvement concret* et sa *Théorie du mouvement abstrait* et prélude, par ces études scientifiques, à sa conception dynamique du monde. Vers la même époque, le baron de Boinebourg l'engage à s'occuper du dogme de la transsubstantiation, avec lequel la théorie cartésienne de la matière semblait incompatible; et, pendant l'automne de 1671, il écrit à Arnaud une lettre qui va droit au fond du sujet. Il y fait voir que le multiple doit de toute rigueur se réduire à l'un, et que, par conséquent, l'étendue suppose quelque autre chose, un principe plus profond, qui est simple et sans lequel il n'y a plus de substance[10]. Enfin, vers 1685, il arrive à se satisfaire[11]. A partir de ce moment, il est en pleine possession de sa pensée personnelle et ne fait, dans la suite, qu'en développer les riches et multiples aspects. Il y varie à l'indéfini et ses considérations et sa langue. Mais, sous cette diversité d'apparence, on observe toujours la même unité organique: c'est partout la philosophie de la *Monade*.

> [Note 7: LE BARON DE BOINEBOURG, ancien premier conseiller privé de l'électeur de Mayence Jean-Philippe, grâce auquel Leibniz prit part aux événements politiques de l'époque.]

> [Note 8: LEIBNIZ, *N. Essais*, p. 371b; *Lettre III à Remond de Montmort*, datée de 1714, p. 704b.]

[Note 9: LEIBNIZ, _De stylo philosophico Nizol.,_p.63 et sqq.]

> [Note 10: GUHRAUER, *Gottfried Wilhelm Freiherr von Leibnitz eine Biographie*, t. I, p. 76 et sqq.]

[Note 11: *Ibid.*, t. I, Beil., p. 29.]

Leibniz suit, dans l'exposition de sa doctrine, une sorte de route ascensionnelle, où l'on va de la *matière* à la *substance*, de la substance à *l'âme* et de l'âme à *Dieu*. En outre, il a tout un ensemble de vues morales qui sont comme l'épanouissement de sa métaphysique et qui constituent une théorie du *bien*.

Ce sont ses diverses étapes que l'on va essayer de parcourir à nouveau, et dans le même ordre.

II.—LA SUBSTANCE

A) NATURE DE LA SUBSTANCE.—On peut dire en un sens «que tout se fait mécaniquement dans la nature corporelle»; mais il n'en demeure pas moins vrai «que les principes mêmes de la mécanique, c'est-à-dire les premières loix du mouvement, ont une origine plus sublime que celle que les pures mathématiques peuvent fournir[12]».

[Note 12: LEIBNIZ, *Si l'essence du corps consiste dans l'étendue*, p. 113b; *Syst. nouv. de la nature*, p. 124b; *Lettre I à Remond de Montmort*, p. 702a.]

L'essence de la matière demande quelque chose de plus que «la philosophie corpusculaire[13]».

[Note 13: LEIBNIZ, _Correspondance avec Arnauld, _p. 632, Ed. P. Janet, Paris, 1886.]

L'expérience nous apprend que les corps sont divisibles. Et, par conséquent, il faut qu'antérieurement à toute division ils aient déjà des parties actuelles; car la division ne crée pas, elle ne fait que compter. Les corps sont donc des composés. Or tout composé se ramène à des éléments ultimes, lesquels ne se divisent plus. Supposé, en effet, que l'on y puisse pousser le partage à l'indéfini; on n'aurait toujours que des sommes, et jamais des unités: ce qui est contradictoire[14]. De plus, ces éléments ultimes ne peuvent être étendus, comme l'ont imaginé les atomistes; car, si petites que l'on fasse les portions de l'étendue, elles gardent toujours leur nature; elles demeurent divisibles: c'est encore une pure *multitude*. Et la raison déjà fournie conserve toute sa force.

[Note 14: *Ibid.*, pp. 631, 654, 655; _Syst. nouv. de la nature, _p. 24{b}, 3; *Monadol.*, p. 705{a}, 2.—L'argument de Leibniz suppose que tout ce qui est divisible contient nécessairement des parties actuelles, antérieurement à toute division. Or ce principe ne parait pas suffisamment établi. Pourquoi la théorie aristotélicienne du *continu* ne serait-elle pas conforme à la réalité des choses? Quelle raison de croire que la division n'est pas, au moins en certains cas, un vrai passage de la puissance à l'acte?]

Ainsi le mécanisme, quelque forme qu'il revête, n'est que «l'antichambre de la vérité[15]». La conception de Descartes et celle d'Épicure laissent l'une et l'autre l'esprit en suspens. Une détermination donnée de l'étendue n'est pas plus une substance «qu'un tas de pierres», «l'eau d'un étang avec les poissons y compris[16]», «ou bien un troupeau de moutons, quand même ces moutons seraient tellement liés qu'ils ne pussent marcher que d'un pas égal et que l'un ne pût être touché sans que tous les autres criassent». Il y a autant de différence entre une substance et un morceau de marbre «qu'il y en a entre un homme et une communauté, comme peuple, armée, société ou collège, qui sont des êtres moraux, où il y a quelque chose d'imaginaire et de dépendant de la fiction de notre esprit[17]». Et l'on peut raisonner de même au sujet des atomes purement matériels[18]. En les introduisant à la place du continu, l'on ne change rien qu'aux yeux de l'imagination. Au fond, c'est métaphysiquement que les corps s'expliquent[19]; car «la seule matière ne suffit pas pour former une substance». Il y faut «un être accompli, indivisible»: substantialité signifie simplicité[20].

[Note 15: LEIBNIZ, *Lettre I à Remond...*, 702{a}.]

[Note 16: LEIBNIZ, *Correspondance avec Arnauld*, p. 830; *N. Essais*, p. 238{b},7.]

[Note 17: LEIBNIZ, _Correspondance avec Arnauld, _p. 631.]

[Note 18: LEIBNIZ, _Syst. nouv. de la nature, _p. 124b, 3.]

[Note 19: LEIBNIZ, _Lettre I à Remond..., _p. 702a.]

[Note 20: LEIBNIZ, _Correspondance avec Arnauld, _p. 631; v. aussi pp. 619, 630, 639, 654, 655; _N. Essais, _p. 276a, 1; *Monadol.*, p. 705a, 1-3.]

En quoi consistent au juste ces principes indivisibles? quelle est la nature intime de ces «points métaphysiques», qui constituent les éléments des choses et qui seuls méritent le nom de substance? Sont-ils inertes, comme l'a cru Descartes? En aucune manière; et c'est là que se trouve la seconde erreur du mécanisme géométrique.

Lorsqu'un corps en repos est rencontré par un autre corps en mouvement, il se meut à son tour. Il faut donc qu'il ait été actionné de quelque manière; et, par conséquent, il faut aussi qu'il ait agi lui-même; car «tout ce qui pâtit doit agir réciproquement[21]». Ainsi chaque mouvement, si léger qu'il soit, accuse la présence d'une source d'énergie et dans le moteur et dans le mobile qu'il suppose; et ce même principe d'activité se manifeste également dans la manière dont les corps se choquent les uns les autres.

[Note 21: LEIBNIZ, _Si l'Essence du corps consiste dans l'étendue, _p. 113a.]

«Nous remarquons dans la matière une qualité que quelques-uns ont appelée l'_inertie naturelle, _par laquelle le corps résiste ea quelque façon au mouvement; en sorte qu'il faut employer quelque force pour l'y mettre (faisant même abstraction de la pesanteur) et qu'un grand corps est plus difficilement ébranlé qu'un petit.» Soit, par exemple, la figure:

[Illustration: A] [Illustration: B]

où l'on suppose que le corps A en mouvement rencontre le corps B en repos. «Il est clair que, si le corps B était indifférent au mouvement ou au repos, il se laisserait pousser par le corps A sans lui résister et sans diminuer la vitesse, ou changer la direction du corps A. Et, après le concours, A continuerait son chemin et B irait avec lui de compagnie en le devançant. Mais il n'en est pas ainsi dans la nature. Plus le corps B est grand, plus il diminuera la vitesse avec laquelle vient le corps A, jusqu'à l'obliger même de réfléchir, si B est beaucoup plus grand qu'A[22].» Et rien ne prouve mieux que l'inertie à laquelle on s'arrête n'est que de l'énergie déguisée.

[Note 22: LEIBNIZ, _Si l'essence du corps…, _p. 112{a et b}.]

On peut remarquer aussi qu'il y a dans les corps comme une tension perpétuelle, une sorte d'élan continu vers quelque autre chose que ce qu'ils sont déjà. Les blocs énormes qui couronnent les pyramides tombent d'eux-mêmes, dès qu'on enlève la base qui les soutient; un arc tendu part tout seul, lorsqu'on en délivre la corde[23]; et nous avons dans notre organisme une multitude indéfinie «de ressorts» qui se débandent à chaque instant, sans que nous l'ayons voulu et même à l'encontre de notre vouloir[24]. La nature corporelle implique un effort incessant. Or l'effort n'est plus seulement de la puissance; c'est aussi de l'action. «Omnis autem conatus actio.»

[Note 23: LEIBNIZ, _De Vera Methodo…_, p.111b.]

[Note 24: LEIBNIZ, _De Vera Methodo…, _p. 111b.]

Et cette conclusion ne s'impose pas seulement au nom de l'expérience; elle se fonde aussi sur les exigences de la raison. On veut que l'être n'enveloppe que des puissances à l'état nu. Et l'on n'observe pas que c'est «une fiction, que la nature ne souffre point». On ne remarque pas qu'une simple faculté n'est qu'une «notion incomplète», «comme la matière première» séparée de toute forme; «une abstraction» vide de réalité, «comme le temps, l'espace et les autres êtres des mathématiques pures[25]». Il est bon de supprimer une telle équivoque et de donner des choses une notion plus compréhensive et plus exacte. Le vrai, c'est que tout est déterminé: le vrai, c'est que chaque substance «a toujours une disposition particulière à l'action et à une action plutôt qu'à telle autre»; «qu'outre la disposition», elle enveloppe «une tendance à l'action, dont même il y a toujours une infinité à la fois dans chaque sujet»; et que «ces tendances ne sont jamais sans quelque effet[26]». Tout être est une force qui se bande, un «conatus» qui passe de lui-même au succès, «si rien ne l'empêche»: toute substance est action et tendance à l'action[27]. Et de là une interprétation nouvelle du devenir. D'après Aristote, tout se meut par autre chose. Au gré de Leibniz, tout se meut par soi-même. Chaque être est gros de sa destinée et la réalise en vertu d'un principe qui lui est interne. C'est le règne de l'autonomie, qui se substitue à celui de l'hétéronomie.

[Note 25: LEIBNIZ, *N. Essais,* p. 222b, 2 et p. 223b, 9.]

[Note 26: *Ibid.;* v. aussi p. 248a, 4.]

[Note 27: LEIBNIZ, *Théod.,* p. 526b, 87; _Syst. nouv. de la nature, _p. 125a, 3.]

L'effort, qui fait le fond de la substance, n'est pas purement physique. Il enveloppe toujours quelque degré de perception; il est produit et maintenu par la connaissance: c'est une véritable *appétition*[28].

[Note 28: LEIBNIZ, *Monadol.,* p. 706, 14-15; *Epist. ad Wagnerum,* p. 466, II.]

«L'expérience interne» nous atteste qu'il y a au-dedans de nous-mêmes «Un Moi qui s'aperçoit» des changements corporels, et qui ne peut être expliqué ni par les figures ni par les mouvements[29]. C'est sur ce type qu'il faut concevoir tous les autres êtres[30]. Ainsi le veulent et les lois de l'*analogie* et le principe de *continuité.*

[Note 29: LEIBNIZ, *Réplique aux réflexions de Bayle,* p. 185.]

[Note 30: LEIBNIZ, *Syst. nouv. de la nature,* p. 124-125, 3.]

Le propre du Moi humain est d'envelopper «une multitude dans l'unité[31]». Or telle est aussi la fonction essentielle de «ces forces primitives» auxquelles on aboutit par l'analyse métaphysique de la réalité. Elles doivent donc avoir, elles aussi, «quelque chose d'analogique au sentiment et à l'appétit[32]». De plus, comme le monde a pour auteur un être souverainement parfait, il faut qu'il soit le meilleur possible; et, comme la bonté s'achève dans la beauté, il faut aussi qu'il soit le plus beau possible. La nature est un poème immense où tout varie par degrés insensibles et dans l'unité, où tout se tient et se déploie dans la continuité. Or cette homogénéité fondamentale n'est pas expliquée, si, comme l'a fait Descartes, on oppose radicalement l'essence de l'esprit à l'essence de la matière. Il faut, pour la rendre intelligible, se représenter l'univers entier comme la réalisation différenciée à l'infini d'un seul et même principe qui est la pensée. Les choses alors acquièrent «une simplicité surprenante, en sorte qu'on peut dire que c'est partout et toujours la même chose, aux degrés de perfection près[33]».

[Note 31: LEIBNIZ, *Monadol.,* p.706, 14; *Epist. ad Wagnerum,* p. 466, III.]

[Note 32: LEIBNIZ, *Syst. nouv. de la nature,* p. 124-125, 3.]

[Note 33: LEIBNIZ, _Théod,_ p. 602, 337; _N. Essais,_ p. 305.]

Le monde est donc plus qu'une machine. La machine est ce qu'on voit; mais ce qu'on voit n'est qu'une apparence. Au fond, il y a l'être qui est force, vie, pensée et désir. Le monde entier, y compris son Créateur, est un système d'âmes qui ne diffèrent entre elles que par l'intensité de leur action. En ce point capital, Leibniz ne contredit plus Aristote. Le grec et l'allemand ont la même théorie. Pour l'un et pour l'autre, c'est l'amour qui meut tout; et, par conséquent, l'un et l'autre admettent aussi la prédominance des causes finales sur les causes efficientes. C'est le finalisme qui l'emporte de nouveau. Ni Descartes, ni Hobbes, ni Spinoza n'ont réussi à le détruire pour tout de bon.

Les agrégats corporels se composent de _monades,_ c'est-à-dire de principes simples dont l'essence consiste dans la perception. Et l'objet de cette perception enveloppe toujours d'une certaine manière l'être tout entier; car, les choses allant d'elles-mêmes au meilleur, il n'y a pas de raison pour qu'il contienne telle portion de la réalité à l'exclusion de telle autre[34].Chaque monade a quelque représentation de l'infini; et c'est là qu'elle puise ses idées distinctes. Chaque monade, aussi, a quelque représentation de l'univers; et c'est de là que lui viennent ses idées confuses[35]. Les substances sont autant «de points de vue», d'où l'on aperçoit d'une façon plus ou moins explicite et la nature immense et l'Être éternel qui l'imprègne de toutes parts[36].

[Note 34: LEIBNIZ, _Réplique aux réflexions de Bayle, _p. 187b; _Monadol.,_ p. 709b, 58, 60.]

[Note 35: LEIBNIZ, _N. Essais, _p. 222a, 1.]

[Note 36: LEIBNIZ, _Monadol., _p. 709b, 57; _Syst. nouv. de la nature,_ p. 126b, 11.]

Toutefois, cet Être éternel possède le privilège de n'avoir que des idées distinctes: l'Infini seul est pensée pure[37].

[Note 37: LEIBNIZ, _Epist. ad Wagnerum,_ p. 466b, IV; _Monadol., p.708a, 41.]

Quant aux autres monades, elles contiennent, avec «leur entéléchie primitive», un obstacle également interne qui les entrave dans leur élan vers la perfection[38].

[Note 38: LEIBNIZ, _Théod., _p. 510a, 20; _Monadol., _p. 708b, 47.]

Les anciens ont parlé de la _matière seconde_ et de la _matière première:_ et leur distinction n'est pas vaine, bien qu'il faille modifier quelque peu leur manière de l'entendre. La matière seconde est d'ordre phénoménal: elle vient toujours d'un agrégat de monades, mais elle n'existe que dans la pensée et s'y traduit sous forme d'extension. Au contraire, la matière première est d'ordre réel: c'est un principe que chaque monade porte au-dedans d'elle-même, qui fait partie de son essence, et dont l'effet naturel est de communiquer à ses perceptions de provenance extérieure leur caractère extensif[39]. Mais l'étendu, c'est aussi du confus[40]. Et, par conséquent, la matière première, voilà ce qui limite l'action des substances créées; voilà ce qui les arrête, à des étapes différentes, dans leur ascension vers la lumière des «idées distinctes». «Autrement toute entéléchie serait Dieu[41].» Et de là une hiérarchie infiniment variée d'êtres qui se ressemblent par leur fond. Tout est pensée; mais la pensée dort dans le minéral et la plante, sommeille dans l'animal, s'éveille en l'homme et trouve en Dieu son éternel et plein achèvement. Encore y a-t-il, entre ces degrés divers, une multitude incalculable et de différences et de nuances; car la nature ne fait pas de bonds: c'est par un progrès insensible qu'elle passe du moins au plus[42]. «Rien de stérile ou de négligé, rien de trop uniforme, tout varié, mais avec ordre, et, ce qui passe l'imagination, tout l'univers en raccourci, mais d'une vue différente dans chacune de ses parties et même dans chacune de ses unités de substance[43].»

[Note 39: LEIBNIZ, *Lettre II au P. des Bosses*, datée du 11 mars 1706, p. 436b; *Lettre VII au même*, datée du 16 octobre 1706, p. 440b; _Lettre XIII au même, _datée du 3 juillet 1709, p. 461b; *Comment. de anima brutorum*, p. 463a, I-II; *Epist. ad Wagnerum*, p. 406a, II. Dans cette dernière lettre, l'auteur paraît préoccupé, non de distinguer la *matière première* de la *matière seconde*, mais de déterminer au juste en quoi consiste la passivité de la matière *generalim sumpta* par opposition à l'activité de la forme; et son effort n'est pas stérile: il aboutit à des notions plus précises. La matière a bien quelque activité, tant il est vrai que rien n'est puissance pure: mais cette activité n'est que résistance. Au contraire, l'activité de la forme est vie, perception et effort.]

[Note 40: LEIBNIZ, *Lettre II au P. des Bosses*, p. 436b; *Lettre XIII au même*, p. 461b; _Théod., _p. 607, 356;*Monadol.*, p. 709b, 60.]

[Note 41: LEIBNIZ, *Réplique aux réflexions de Bayle*, p. 187b; *Lettre VII au P. des Bosses*, 440b; *Epist. ad Wagnerum*, p. 466b, IV.]

[Note 42: LEIBNIZ, _Syst. nouv. de la nature, _p. 125b, 5; *Comment. de anima brutorum*, p. 465b, XIII; *Epist. ad Wagnerum*, p. 466-467, V; *Syst. nouv. de la nature*, p. 125b, 7; *Lettre VI au P.*

des Bosses, datée du 4 octobre 1706, p. 439-440; *N. Essais*, p. 224b, 12; *Monadol.*, p.709b, 38.]

[Note 43: LEIBNIZ, _N. Essais, _p. 2O5b.]

Bien que composées de deux principes constitutifs, dont l'un est forme et l'autre matière, les monades n'en demeurent pas moins absolument simples. Car la matière première n'est qu'un principe d'étendue, et la matière seconde, qui est l'étendue elle-même, se fonde bien au dehors sur des agglomérais de monades; mais, considérée en soi, non plus dans sa cause, elle ne se produit qu'au dedans: elle est «toute mentale[44]». Et de là une nouvelle approximation de la notion de substance.

[Note 44: LEIBNIZ, _N. Essais, _p. 238b, 7. V. aussi: *Lettre II au P. des Bosses*, p. 436b; _Lettre XIV au même, _p. 462b; *Lettre XXIV au même*, p. 689a.]

D'abord, «des monades n'ont point de fenêtres par lesquelles quelque chose y puisse entrer ou sortir». Et, par là même, «des accidents ne sauraient se détacher, ni se promener hors des substances, comme faisaient autrefois les espèces sensibles des scolastiques[45]». En second lieu, les monades n'ont point de surface extérieure. Et, par conséquent, elles ne présentent aucun point d'appui, à l'aide duquel on puisse ou les modifier, ou les mouvoir[46]. Chaque monade est à la fois close et intangible et demeure, de ce chef, essentiellement indépendante de toute influence dynamique externe. C'est en elle-même et par elle-même qu'elle agit et pâtit: sa vie est tout intérieure. Et c'est sans doute dans ce recueillement absolu que Leibniz a puisé la raison principale pour laquelle il conçoit la substance à l'image de l'âme humaine; car, si la monade ne se meut du dehors, il faut bien qu'elle se meuve du dedans. Et comment cela? Où trouver en elle une cause de changement quelconque, si elle n'était douée de connaissance et d'appétition[47]?

[Note 45: LEIBNIZ, _Monadol., _p. 705a, 7.]

[Note 46: LEIBNIZ, *Monadol.*, p. 796a, 17.]

[Note 47:*Ibid.*, p. 705b, 8 et 10-11.]

La philosophie de Leibniz est donc un retour «aux formes substantielles, si décriées[48]». Pour lui, comme pour Aristote, la substance enveloppe deux co-principes essentiels dont l'un est actif et l'autre passif; l'être est une dualité qui se ramène à l'unité d'un même sujet: c'est une trinité. Mais cette vieille conception revêt, sous l'effort de Leibniz, un aspect absolument nouveau. D'abord, il transporte du tout aux parties la définition de la substance donnée par Aristote. De plus, l'extension des corps cesse, à ses yeux, d'être une propriété absolue; elle n'existe que pour la pensée: c'est quelque chose de purement phénoménal. Il modifie également d'une manière profonde et l'idée traditionnelle de la forme et celle de la matière. Inspiré par Spinoza et continuant «le philosophe stagirite», il précise l'activité de la forme et en fait une force qui a pour qualités déterminantes la *perception* et *l'appétition*. D'autre part, la matière, en tant qu'elle se distingue de l'extension proprement dite, devient pour lui une limite interne de l'activité, et par là même un principe de résistance à la conquête des «idées distinctes». Tout se transforme et s'approfondit, tout s'unifie sous l'influence de sa pensée.

[Note 48: LEIBNIZ, *Syst. nouv...*, p. 124b, 3.]

B) Pluralité des substances.—La multiplicité des choses n'est pas seulement phénoménale: il y a plusieurs substances, puisque la matière se divise en éléments substantiels.

Le même fait ressort également des données de la psychologie. «Je suis d'opinion, dit Leibniz, que la réflexion suffit pour trouver l'idée de substance en nous-mêmes, qui sommes des substances[49].» La chose ne semble pas claire à tout le monde, il est vrai; et Locke ne pense pas que l'expérience interne ait une telle valeur; mais c'est uniquement parce qu'on ne prend pas la question du bon côté. On monte d'abord dans sa tête, on y considère les objets à l'état de désagrégation où le travail de l'entendement les a mis. On voit alors d'une part des prédicats qui sont abstraits, de l'autre un sujet qui l'est également[50]; et l'on conclut qu'il n'y a là qu'un amas d'êtres logiques, une collection de phénomènes où la substance n'apparaît nullement. Procéder ainsi, c'est aller au rebours de la réalité, c'est «renverser l'ordre des choses». «La connaissance des concrets est toujours antérieure à celle des abstraits[51].» Nous percevons le chaud avant la chaleur, le luisant avant la lumière, et des savants avant le savoir[52]. Ce qui nous est donné tout d'abord, ce sont les choses elles-mêmes dans leur unité physique: les abstractions n'existent que pour et par notre esprit qui a sa manière à lui de diviser l'indivisible. Et quand on envisage la question de ce biais, les difficultés disparaissent du même coup. Chacun sent alors qu'il y a sous les modes de sa conscience un sujet simple et fixe qui les groupe dans son unité vivante[53]; et la substance, c'est cela.

[Note 49: LEIBNIZ, *N. Essais*, p. 221a, 18.]

[Note 50: _Ibid., _p. 278a, 2.]

[Note 51: _Ibid., _p. 238b, 6.]

[Note 52: _Ibid., _p. 272a, 1.]

[Note 53: LEIBNIZ, *Réplique aux réflexions de Bayle*, p. 183; *Monadol.* p. 706, 16.]

Mais pourquoi les éléments ultimes auxquels on aboutit par la division de la matière ne seraient-ils pas des espèces de modes un peu plus durables que les autres? Leibniz tombe déjà d'accord avec Spinoza pour dire que les parties du continu n'ont rien d'absolu: ce sont, à ses yeux, «des points de vue» des monades sur l'univers. Et alors pourquoi les monades elles-mêmes ne seraient-elles pas à leur tour les déterminations passagères d'une réalité plus riche et plus profonde, unique en son fond, et qui seule mériterait le nom de substance? Quelle raison de croire que le monde n'est pas le développement éternel d'un même principe d'où se dégage à chaque instant une multitude d'individualités d'ordre divers, à la façon dont les formes de la pensée sortent de la pensée et s'en distinguent, tout en lui demeurant immanentes? A cette difficulté fondamentale, que contenait déjà la philosophie de l'ermite de la Haye et que Schelling devait plus tard ériger en système[54], Leibniz semble bien ne pas avoir de réponse. Le génie, aussi, est «une monade»; il a son «point de vue» et n'en sort que très difficilement. Les philosophes ne se convertissent pas.

[Note 54: V. *Philosophie der Offenbarung*, t. II, pp. 154-156, 281-283; *Philosoph. Untersuchungen über das wesen der menschlichen Freyheit…*, p. 406-437, Ed. Landshut.]

Revenons à notre exposé. Il y a des substances; et le nombre en est *actuellement* infini[55]. Dieu, qui est la souveraine sagesse, ne fait rien qui n'ait sa raison d'être. Or il n'y en a pas pour qu'il ait créé telle somme de monades plutôt que telle autre. Il faut de toute rigueur ou qu'il n'en ait produit aucune (ce qui est contraire aux faits), ou qu'il en ait produit un nombre illimité[56]. De plus, Dieu se conforme, dans ses œuvres, au principe du *meilleur*. Il se devait donc à lui-même de créer le plus de substances possible; il se devait à lui-même d'en créer à l'infini, car plus il y a d'êtres et dans l'ordre, plus il y a de perfection[57]. La multiplicité sans borne, c'est aussi ce que suppose la nature même de la monade. La matière telle que la monade la saisit au-dedans d'elle-même, c'est-à-dire le *continu*, est divisible à l'infini. Et cette divisibilité intérieure demande qu'il y ait au dehors, dans le monde des éléments simples et discontinus, une division actuelle qui soit également infinie. Autrement il pourrait se produire dans la monade des phénomènes auxquels rien ne correspondrait dans la réalité des choses, qui porteraient en quelque sorte dans le vide. Or ce manque d'adaptation entre la pensée et les objets ne saurait exister: «Tout est lié» et «bien fondé»; il n'y a rien dans *l'apparent* qui ne symbolise quelque chose de *réel*[58].

[Note 55: LEIBNIZ, _Lettre à Foucher, _datée de 1693, 118b; *Lettre I au P. des Bosses*, datée du 14 février 1706, p. 434b; *Théod.*, p. 564a, 195; *Monadol.*, 710{b}, 65.]

[Note 56: LEIBNIZ, *Théod.*, p. 602-337; *Monadol.*, p. 707b, 32.]

[Note 57: LEIBNIZ, *Monadol.*, p. 709b, 58;*Lettre I au P. des Bosses*, p. 434b.]

[Note 58: LEIBNIZ, *Lettre XXI au P. des Bosses*, datée du 20 septembre 1712, p. 687; *Théod.*, p. 607b, 357 et 620a, 403; *Monadol.*, p. 711b, 78.]

La seule raison qu'il soit permis d'opposer à la théorie de l'infinité actuelle, c'est son impossibilité[59]. Et cette raison n'est que fictive; elle tient, comme la négation de la substance, à une sorte de malentendu. Sans doute, si l'on commence par se figurer l'univers comme formant «un tout», c'est-à-dire comme représentant une somme déterminée, il faut bien alors qu'il contienne un nombre fini d'éléments premiers. Car il est contradictoire qu'une somme donnée, soit dans la réalité, soit seulement dans l'esprit, n'enveloppe pas un dernier terme. Mais poser ainsi le problème, c'est en changer le sens pour le résoudre. La conclusion qui dérive et du principe de raison suffisante et de la perfection divine et de l'essence même de la monade, c'est que le monde ne forme pas plus «un tout» qu'un «nombre infini dont on ne saurait dire s'il est pair ou impair[60]». Et dès lors, quel obstacle logique peut-il y avoir à ce que la multitude de ses éléments soit supérieure à tout nombre donné, à ce qu'il comprenne toujours plus d'unités actuelles «qu'on n'en peut assigner»? Quelle antinomie à ce que l'arithmétique ne puisse fournir l'expression adéquate de la réalité métaphysique? Or cette aptitude de l'univers à ne point se laisser emprisonner dans nos calculs, si loin que nous les poussions, c'est là précisément ce qui constitue son infinité[61].

[Note 59: LEIBNIZ, *Lettre XXI au P. des Bosses*, p. 687a.]

[Note 60: LEIBNIZ, *Lettre II au P. des Bosses*, 435b-436a.]

[Note 61: LEIBNIZ, *N. Essais*, p. 244a-244b.]

Au fond, Leibniz raisonne ici comme Descartes[62] et Spinoza[63]; si l'infini paraît contradictoire, c'est qu'on le prend dès le début comme une quantité finie. Il ajoute d'ailleurs une considération d'un autre ordre et qui s'adresse principalement aux théologiens. «On ne peut nier, dit-il, que les essences de tous les nombres possibles *soient données en fait,* au moins dans l'intelligence divine, et que par là même la multitude des nombres constitue un véritable infini[64].» C'est donc bien que le concept d'une série illimitée n'a rien qui répugne aux lois de la raison, et qu'en conséquence sa réalisation n'y répugne pas non plus.

[Note 62: *Lettres au R. P. Mersenne*, 15 avril 1630, Ed. Cousin.]

[Note 63: *Lettre XV*, t. III, Ed. Charpentier, Paris.]

[Note 64: LEIBNIZ, *Lettre II au P. des Bosses*, p. 435b-436a.]

C) Communication des substances.—Il n'existe aucune *influence dynamique* entre les monades. Absolument fermées et dépourvues de surfaces, piquées en quelque sorte dans le vide infini, comme des étoiles qui n'auraient de la lumière et de la grandeur qu'au dedans, les monades demeurent incapables par nature et d'agir au dehors et d'en recevoir une action quelconque. Par là même aussi, les monades n'ont aucune influence dynamique sur les corps, tels qu'ils existent en soi, indépendamment de toute pensée. Car les corps envisagés de ce point de vue ne sont eux-mêmes que des agrégats de monades.

Et cette dernière conclusion ne se fonde pas seulement sur la métaphysique; on en trouve également la preuve dans les principes de la mécanique.

«M. Descartes, dit Leibniz, a voulu capituler et faire dépendre de l'âme une partie de l'action du corps. Il croyait savoir une règle de la nature, qui porte, selon lui, que la même quantité de mouvement se conserve dans les corps. Il n'a pas jugé possible que l'influence de l'âme violât cette loi des corps; mais il a cru que l'âme pourrait pourtant avoir le pouvoir de changer la direction des mouvements qui se font dans le corps; à peu près comme un cavalier, quoiqu'il ne donne point de force au cheval qu'il monte, ne laisse pas de le gouverner en dirigeant cette force du côté que bon lui semble[65].» Mais «on a découvert deux vérités importantes sur ce sujet, depuis M. Descartes: la première est que la quantité de la force absolue qui se conserve, en effet, est différente de la quantité de mouvement, comme je l'ai démontré ailleurs»: ce qu'il y a de permanent dans l'univers, ce n'est pas mv, le produit de la masse par la vitesse; mais $mv2$, le produit de la masse par le carré de la vitesse. «La seconde découverte est qu'il se conserve encore la même direction dans tous les corps ensemble qu'on suppose agir entre eux, de quelque manière qu'ils se choquent[66].» «Il existe toujours la même direction totale dans la matière[67].» Et de là deux corollaires qui modifient la conception trop aprioriste de Descartes. Changer la direction d'un mouvement, c'est produire un surplus de force vive. Or la chose est impossible, puisque la quantité de force vive ne change pas. De plus, changer la direction d'un mouvement, c'est influer sur la direction totale des corps. Et cela ne se peut pas davantage, vu que cette direction ne souffre point de variation. Ainsi l'âme ne saurait «agir physiquement sur le corps», «sans un dérangement entier des lois de la nature».

[Note 65: LEIBNIZ, *Théod.*, p. 519b, 60.]

[Note 66: *Ibid.*, p. 520a, 61.]

[Note 67: LEIBNIZ, *Monadol.*, p. 711b, 80.]

Encore une fois, il faut sortir du mécanisme pour l'expliquer. Il n'y a pas de «communication» directe des substances entre elles. Et, par conséquent, l'on ne peut rendre compte de leurs rapports qu'en s'élevant de la cause efficiente à la cause finale. Mais comment concevoir l'action de cette dernière cause? Est-ce Malebranche qui a raison? Et le système des causes *occasionnelles* donnerait-il la vraie solution du problème?

Malebranche a bien vu que les êtres créés ne peuvent avoir entre eux des relations dynamiques. Mais sa théorie n'en demeure pas moins sujette à deux objections, qui la rendent inadmissible. Elle veut, en effet, que le cours des phénomènes qui forment le monde ne soit qu'un tissu de miracles[68]. Or c'est là une extrémité à laquelle il semble difficile de se tenir. S'il y a des *lois naturelles,*—et la chose n'est pas douteuse,—il faut aussi qu'il y ait des *agents naturels:* il faut qu'entre la *Cause première* et les faits ordinaires s'interposent des *causes secondes.* Ou Dieu n'a pas le monopole de l'activité, ou il n'existe point de nature[69]. «Il est bon, d'ailleurs, qu'on prenne garde qu'en confondant les substances avec les accidents, en ôtant l'action aux substances créées, on ne tombe dans le spinosisme, qui est un cartésianisme outré. Ce qui n'agit point ne mérite point le nom de substance; si les accidents ne sont point distingués des substances; si la substance créée est un être successif, comme le mouvement; si elle ne dure pas au-delà d'un moment, et ne se trouve pas la même (durant quelque partie assignable du temps), non plus que ses accidents; si elle n'opère point, non plus qu'une figure mathématique ou qu'un nombre; pourquoi ne dira-t-on pas, comme Spinosa, que Dieu est la seule substance et que les créatures ne sont que des accidents ou des modifications[70]?»

> [Note 68: LEIBNIZ, *Théod.*, p. 606b, 353 et 607a, 355; *Examen des principes de Malebranche*, p. 695.]

[Note 69: LEIBNIZ, _Théod., _p. 607a-607b, 355.]

[Note 70: LEIBNIZ, *Théod.*, p. 617b, 393.]

Le P. Malebranche exagère, et de la façon la plus dangereuse, le souverain domaine de Dieu; son surnaturalisme contredit les données de l'expérience et mène tout droit au panthéisme. Il faut donc «supposer l'établissement d'un autre ordre». Et cet ordre, voici quel il doit être.

Il n'existe, comme on l'a déjà vu, «aucune communication physique» entre les substances créées[71]. Les monades portent en leur fond «une spontanéité merveilleuse», qui est le principe unique de tous leurs changements[72]: «Il y a une suffisance (αἰτάρκεια) qui les rend sources de leurs actions internes et pour ainsi dire des automates incorporels[73].»

[Note 71: *Ibid.*, p. 519b, 59.]

[Note 72: *Ibid.*]

[Note 73: LEIBNIZ, *Monadol.*, p. 706b, 19.]

Bien que physiquement indépendantes, les monades exercent les unes sur les autres une *influence idéale* qui en fait le mieux ordonné et par là même le meilleur et le plus beau des mondes possibles.

D'abord, elles convergent toutes vers un seul et même objet externe: elles sont toutes, quoiqu'à des degrés différents, «des images de l'univers», «des centres qui expriment une conférence infinie[74]».

[Note 74: LEIBNIZ, *Réplique aux réflexions de Bayle*, p. 187a.]

De plus, Dieu, qui est sagesse et bonté, a *préformé* les monades de manière à ce qu'il y ait une *correspondance constante* entre les changements qui se produisent dans l'intérieur des unes et les changements qui se produisent dans l'intérieur des autres: il existe entre les monades une *harmonie préétablie*, analogue à celle de deux horloges parfaitement réglées et qui, au même moment, sonneraient toujours la même heure[75]. Supposé, par exemple, qu'une pierre vienne à tomber sur le pied d'un homme. On dit ordinairement que la chute de la pierre produit la contusion qui la suit, et qu'à son tour cette contusion produit elle-même la douleur qui l'accompagne. On dit également que les parties de la pierre et celles de l'organe atteint s'actionnent les unes les autres par leurs surfaces. Mais ce langage ne vise que les apparences; ce langage est d'ordre purement phénoménal. Le vrai, c'est que, à l'occasion de la chute de la pierre, l'agrégat des monades qui constituent l'organe éprouve de lui-même ce qu'on appelle une contusion; et que, à l'occasion de cet état pathologique, la monade dominante qui souffre, tire de son propre fond sa sensation de souffrance. Le vrai aussi, c'est qu'il n'y a qu'une simple *concomitance* soit entre les états des monades qui composent la pierre, soit entre les états des monades qui composent le pied. Ainsi des autres cas de causation externe, de quelque nature qu'ils puissent être. Tout s'enchaîne, mais non directement: tout s'ordonne et sympathise dans la nature «par l'intervention de Dieu, en tant que dans les idées de Dieu une monade demande avec raison que Dieu, en réglant les autres dès le commencement des choses, ait égard à elle[76]».

[Note 75: LEIBNIZ, *Second éclaircissement du système de la com. des subst.*, p. 133; *Syst. nouv. de la nature*, p. 127, 14-15; *Réponse aux réflexions de Bayle*, p. 185-186; *Théod.*, p. 477a et p. 519b, 58; _Lettre XXIII au P. des Bosses, _datée du 24 janvier 1713, p. 688b; *N. Essais*, p. 205a-205b; *Monadol.*, p. 709a, 51.]

[Note 76: LEIBNIZ, *Monadol.*, p. 709a, 51; *Lettre IV au P. des Bosses*, p. 438b; *Lettre XXIII au même*, p. 688b.]

Non seulement les états intérieurs des monades se déroulent dans un ordre parallèle; mais encore il existe entre eux une certaine *similitude*: ils se font écho. «La représentation a un rapport naturel à ce qui doit être représenté. Si Dieu faisait représenter la figure ronde d'un corps par l'idée d'un carré, ce serait une représentation peu convenable; car il y aurait des angles ou éminences dans la représentation, pendant que tout serait égal et uni dans l'original[77].» «Les projections de perspective, qui reviennent dans le cercle aux sections coniques, font voir qu'un même cercle peut être représenté par une ellipse, par une parabole, et par une hyperbole, et même par un autre cercle et par une ligne droite et par un point[78].» Cette variété dans l'unité donne une idée approchante de ce qui se passe de monades à monades.

[Note 77: LEIBNIZ, *Théod.*, p. 607b, 356.]

[Note 78: *Ibid.*, p. 607b, 357.]

Toutefois, l'analogie de «da représentation et de la chose» n'est pas la même dans les différents êtres. Chaque monade a son point de vue d'où elle perçoit l'univers; et, par conséquent, comme il existe une multitude infinie de monades, il existe aussi une multitude infinie de représentations du monde, toutes différentes les unes des autres: il en est comme d'une ville dont les perspectives se multiplient, au fur et à mesure que varient les sites où l'on se met pour la regarder[79]. En outre, chaque monade, en vertu même de la matière première qui lui est inhérente et qui l'individue[80], a toujours un nombre plus ou moins grand d'idées confuses, comme celles «de la chaleur, du froid et des couleurs», qu'elle ne réussit jamais à éclaircir. Et de là des degrés à l'infini dans la connaissance que les créatures ont des choses[81].

[Note 79: LEIBNIZ, *Théod.*, p. 607b, 357; *Monadol.*, p. 709b, 57.]

[Note 80: *Ibid.*, p. 477b.]

> [Note 81: LEIBNIZ, *Réplique aux réflexions de Bayle*, p. 187b; *Théod.*, p. 6O7b, 357 et p. 620a, 403; *Monadol.*, p.709a, 49.—Il est bon de remarquer ici que l'idée que Leibniz s'est faite du rapport des représentations aux choses n'est pas d'une interprétation facile. On est toujours tenté de croire, en le lisant, qu'il parle des corps, tels que le vulgaire se les figure, c'est-à-dire d'agrégats qui sont étendus et dont l'existence est indépendante de toute pensée. Mais il ne peut rien y avoir de pareil dans sa théorie; et la difficulté qu'on éprouve à le mettre d'accord avec lui-même vient uniquement de ce qu'il se sert ordinairement de termes communs pour exposer un système nouveau.]

Que peut être le corps humain, d'après une semblable doctrine? Rien de ce qu'imagine le commun des hommes. Qu'on ne se le figure point comme une colonie d'éléments étendus, qui existent en eux-mêmes, qui s'actionnent les uns les autres et sont pour ainsi dire «mêlés à notre âme». Qu'on ne se le figure pas davantage comme une portion de matière que meut la pensée du haut de la glande pinéale, à la manière dont un cocher gouverne ses chevaux du haut de son char; car il ne peut rien exister de pareil; et Descartes lui-même n'a pas fait la part assez belle à la doctrine spiritualiste. Considéré tel qu'il nous apparaît, l'organisme humain n'est qu'un système de représentations, le point de vue spécial dont nous percevons l'univers[82]: sa réalité est toute phénoménale. Et, considéré tel qu'il existe en soi, ce n'est qu'un groupe de substances simples et dépourvues d'activité transitive, une hiérarchie de monades qui se fonde uniquement sur une certaine correspondance d'états intérieurs soit entre elles, soit avec l'âme elle-même. Rien, absolument rien qu'on y puisse voir ou toucher ou imaginer; rien non plus qui s'y produise sous forme d'action réciproque. L'intelligence seule le conçoit et comme un cas de *l'harmonie préétablie*[83].

[Note 82: LEIBNIZ, *Syst. nouv. de la nature*, p. 127b.]

[Note 83: LEIBNIZ, *Lettre IV au P. des Bosses*, p. 438b, ad 22; *N. Essais*, p. 238b, 7; *Monadol.*, p. 709a, 49.]

A ce «système de la communication des substances» se rattache une théorie de *l'espace* et du *temps*, qui en est comme le corollaire.

D'après Clarke et Newton, l'espace et le temps seraient deux «êtres absolus», «éternels et infinis», distincts par là même des corps qui composent la nature[84]. Or une telle conception ne peut être que chimérique; elle contredit à la fois et la perfection de Dieu, et le principe *de la raison suffisante* et celui des *indiscernables*.

[Note 84: LEIBNIZ, *Réponse à la seconde réplique de M. Clarke*, p. 751b, 3.]

Ou bien l'espace est un attribut de Dieu. Et, dans ce cas, Dieu lui-même se divise à l'infini; car l'espace «a des parties», et qui se sous-divisent sans fin[85]. Ou bien l'espace se distingue radicalement de Dieu, comme on veut qu'il se distingue des corps; et alors il y a «une infinité de choses éternelles hors de Dieu[86]». Dans l'une et l'autre hypothèses, les seules que l'on conçoive, l'idée fondamentale de l'Être parfait se trouve altérée. Et l'on peut raisonner de même à l'égard du temps; dès qu'on l'érige à l'état d'absolu, il faut que l'essence de Dieu en souffre ou du dedans ou du dehors.

[Note 85: LEIBNIZ, *Réponse à la seconde réplique de M. Clarke*, p. 751b,3; *Réponse à la troisième réplique de M. Clarke*, p. 756a, 11; *Réponse à la quatrième réplique de M. Clarke*, p. 767b, 42.]

[Note 86: LEIBNIZ, *Réponse à la troisième réplique de M. Clarke*, p. 756a, 10.]

En outre, si l'espace est un absolu, si c'est une réalité qui préexiste à la création du monde physique, les points qui le composent ne diffèrent en rien les uns des autres: ils sont «uniformes absolument». Or, dans cette uniformité sans bornes, il est impossible de trouver «une raison pourquoi Dieu, gardant les mêmes situations des corps entre eux, les a placés dans l'espace ainsi et non pas autrement; et pourquoi tout n'a pas été pris à rebours, (par exemple), par un échange de l'Orient et de l'Occident[87]. Et l'on se heurte à une difficulté analogue, lorsqu'on suppose que le temps, de son côté, est un autre absolu. Car, d'après une telle hypothèse, le temps existait avant la création: antérieurement à l'apparition du monde, il se prolongeait déjà comme une ligne à la fois infinie et homogène. Et, dans cette éternelle ressemblance, Dieu n'a jamais pu trouver une raison de créer à tel moment plutôt qu'à tel autre: ce qui revient à dire qu'il n'a jamais pu créer et que le commencement de l'univers est inexplicable[88].

[Note 87: LEIBNIZ, *Réponse à la seconde réplique de M. Clarke*, p. 752a, 5.]

[Note 88: LEIBNIZ, *Réponse à la seconde réplique de M. Clarke*, p. 752, 6.]

C'est aussi une loi de la nature que tout ce qui se ressemble s'identifie dans la mesure même où il y a ressemblance: «non pas» qu'il soit impossible absolument de poser deux ou plusieurs êtres qui n'aient entre eux aucune différence; mais «da chose est contraire à la sagesse divine», qui demande que le monde soit le plus beau possible et renferme de ce chef le plus de variété possible[89]. Par conséquent, supposé, comme le veut la théorie de Clarke et de Newton, que l'espace soit chose absolument homogène, il faut de toute rigueur que son immensité se réduise à un point géométrique[90]. Et supposé que telle soit aussi la nature du temps, il faut de même que tous les moments de l'éternelle durée se ramassent en un instant indivisible[91]: et, de la sorte, Homère sera le contemporain de Spinoza.

[Note 89: LEIBNIZ, *Réponse à la quatrième réplique de M. Clarke*, p. 765b, 25.]

[Note 90: LEIBNIZ, *Réponse à la seconde réplique de M. Clarke*, p. 752a, 5; *Réponse à la troisième réplique de M. Clarke*, p. 756b, 18.]

[Note 91: LEIBNIZ, *Réponse à la troisième réplique de M. Clarke*, p. 756, 6 et 13.]

Il n'y a donc que des *idola tribus*, «des chimères toutes pures» et «des imaginations superficielles», dans l'hypothèse d'un espace et d'un temps absolus[92]. L'espace et le temps ne peuvent être ni des attributs de Dieu, ni des réalités éternelles et distinctes de Dieu. Ils ont commencé avec le monde; et ils n'existeraient point, «s'il n'y avait point de créatures». Il ne resterait alors que l'immensité et l'éternité de Dieu lui-même, lesquelles portent seulement «qu'il serait présent et coexistant à toutes les choses qui existeraient[93]».

[Note 92: *Ibid.*, p. 756b, 14.]

[Note 93: LEIBNIZ, *Réponse à la quatrième réplique de M. Clarke*, p. 776a, 106.]

D'autre part, il ne se peut pas non plus que l'espace et le temps soient eux-mêmes des substances créées. Car alors il faudrait supposer un autre espace et un autre temps; et l'on irait ainsi sans fin, comme le voulait Zénon d'Elée. Il ne reste donc qu'une hypothèse raisonnable: c'est de concevoir l'espace et le temps comme des rapports que les créatures soutiennent entre elles.

Soit un vase A, où se trouve une liqueur *b*; il existe entre les parois de A et les parties adhérentes de *b* un certain rapport de situation. Si l'on substitue à la liqueur *b* une autre liqueur *c* ou *d*, ce rapport, considéré abstraitement, ne change pas; et, considéré du même point de vue, il ne change pas davantage, si l'on remplace le vase A par un autre vase de même contenance et de même forme, quelle que soit d'ailleurs la matière dont il est fait. Ce rapport constant, c'est ce qu'on appelle «une place». Et l'ensemble de toutes les places constitue l'*espace*[94].

[Note 94: LEIBNIZ, *Réponse à la quatrième réplique de M. Clarke*, p. 768, 47.]

De même, soit un changement *m*, au terme duquel commence un autre changement *n*. Ces deux changements, en tant qu'ayant une limite commune, soutiennent un rapport déterminé, et dont la notion reste identique, quels que soient les sujets qu'ils affectent. Ce rapport invariable est ce qu'on appelle une succession; et l'ensemble de toutes les successions forme le *temps*.

Mais, si telle est la logique des choses, il ne faut plus supposer qu'il y a de l'espace en dehors de nous, dans le monde absolu que constituent les monades. Car il n'existe entre elles aucun rapport analogue à celui que soutient un liquide avec les parois d'une ampoule: il ne s'y trouve ni contenants, ni contenus. Il ne faut pas croire davantage que les monades sont dans le temps. Le temps n'est qu'en elles. Elles durent sans doute; mais, conçues du dehors, elles demeurent essentiellement immobiles et ne peuvent, de l'une à l'autre, produire aucun cas de succession; l'espace et le temps n'existent que pour et par notre pensée: ils sont de purs phénomènes. Et c'est dans ce sens qu'il faut entendre les paroles de Leibniz, lorsqu'il définit l'espace: *un ordre de coexistence*[95], et le temps: *un ordre de succession*[96].

[Note 95: LEIBNIZ, *Réponse à la troisième réplique de M. Clarke*, p. 758a, 41; *Réponse à la quatrième réplique de M. Clarke*, p. 766a, 29.]

[Note 96: *Ibid.*, p. 776a, 105.]

Idéalité de la *matière, idéalité de l'espace et du temps*: telles sont donc les conclusions auxquelles Leibniz se trouve conduit par une suite toute naturelle. Et cette conception originale, la plus compréhensive peut-être et la plus féconde en points de vue qui soit jamais sortie de l'esprit humain, ne devait pas demeurer stérile. Les philosophes postérieurs s'emparèrent de son principe dominant, qui consiste à interpréter le dehors par le dedans et la poussèrent jusqu'au subjectivisme absolu. A quoi bon un monde extérieur, existant en lui-même et inaccessible à tous les regards, puisque la monade enveloppait déjà l'univers dans ses mystérieuses virtualités? Pourquoi cette doublure du dedans, si difficile, d'ailleurs, à concevoir? Kant, d'abord, vint substituer à l'infinité multiforme des monades l'indéfinité de la matière. Puis Fichte parut, qui «fourra» la matière elle-même dans la conscience, suivant l'expression de Schiller[97].

[Note 97: *Almanach des Muses, les Philosophes*, 1797.]

III.—L'AME

On peut dire, d'une manière générale, qu'il n'y a que des âmes dans l'univers[98]. Et ces âmes se différencient à l'infini par leur degré de perfection qui n'est autre chose que le degré de distinction de leur connaissance[99].

[Note 98: LEIBNIZ, *Comment. de anima brutorum*, p. 464a, VII; *Epist. ad Wagnerum*, p. 466a, III; *Monadol.*, p. 706b, 19.]

[Note 99: LEIBNIZ, *Lettre à M. des Maizeaux*, datée de 1711, p. 676b.]

Mais cette différenciation infinie n'est point comme une traînée continue qui ne contient que des nuances insensibles. On distingue trois principales sortes d'âmes, qui sont comme les points culminants de la nature: les âmes des *vivants*, celles des *animaux* et celles des *hommes*.

Les premières ne possèdent que la *perception* pure et simple, c'est-à-dire un mode de connaissance tellement enfoui dans son objet qu'il ne se ramène jamais sur lui-même, et si infime qu'il est incapable de rester à l'état de souvenir. Telles sont les monades des plantes, et aussi celles des êtres inférieurs aux plantes, ou minéraux. Car il n'y a pas de corps bruts; tout est organique, tout est vivant et doué de quelque pensée: l'esprit ne fait que dormir où nous affirmons qu'il n'est pas[100].

[Note 100: *Ibid.*—V. aussi: *Comment. de anima brutorum*, p. 464b, XI; *Epist. ad Wagnerum*, p. 466a, II; *Monadol.*, p. 706b, 20-21.]

Les âmes des animaux ont une connaissance plus distincte, qu'on peut appeler *sentiment* et qui consiste dans la «perception accompagnée de mémoire[101]». Il se produit en elles comme «un écho de leurs impressions qui demeure longtemps pour se faire entendre dans l'occasion[102]». Mais elles sont dépourvues de toute énergie réflexive et par là même de raison.

[Note 101: LEIBNIZ, *Principes de la nature et de la grâce*, p. 715a, 4.]

[Note 102: *Ibid.*]

C'est dans l'homme seulement que s'épanouit la puissance de réfléchir, et d'abstraire et de déduire: ce qui en fait un être à part et comme un «petit dieu» dans l'univers. Et cette faculté d'ordre supérieur ne va pas seule en lui: elle s'y ajoute aux formes inférieures de l'activité, sans les changer entièrement. Perception simple, perception avec mémoire et réflexion ou aperception, tous les modes de la connaissance se réunissent et se coordonnent dans l'âme humaine.

Aussi est-ce cette ame que le philosophe choisit comme l'objet central de ses investigations.

A) Origine des représentations.—L'âme humaine, étant une monade, n'a pas de fenêtre ouverte sur l'univers. Elle n'en peut donc recevoir aucune impression; et, par conséquent, c'est de son propre fonds qu'elle tire son trésor d'expériences: elle enveloppe dès l'origine toutes les *images* qu'elle percevra jamais.

Mais il ne faut pas croire, comme l'entendait Locke, qu'elles s'y trouvent d'ores et déjà toutes faites. Elles n'y sont qu'à l'état d'ébauches, comme les figures que marquent les veines d'un morceau de marbre[103]. Et c'est l'âme elle-même qui, par sa spontanéité naturelle, les élève par degrés du confus au distinct.

[Note 103: LEIBNIZ, *N. Essais*, p. 210a, 11.]

Nous avons des «perceptions inaperçues». Notre pensée se dégrade indéfiniment, comme la lumière du soleil: si bien qu'à un point donné il nous arrive de connaître encore sans savoir que nous connaissons. Lorsque nous sommes en état de veille, «nous pensons à quantité de choses à la fois, mais nous ne prenons garde qu'aux pensées qui sont les plus distinguées, et la chose ne saurait aller autrement; car, si nous prenions garde à tout, il faudrait penser avec attention à une infinité de choses en même temps, que nous sentons toutes et qui font impression sur nos sens[104]». «Quand nous dormons sans songe et quand nous sommes étourdis par quelque coup, chute, symptôme ou autre accident», nous revenons à nous-mêmes au bout d'un certain temps et commençons derechef à *nous apercevoir* de nos *perceptions*; et, par conséquent, il faut qu'il y ait eu, immédiatement avant, d'autres perceptions dont nous ne nous sommes pas aperçus. Car une pensée ne saurait venir naturellement que d'une autre pensée, comme un mouvement ne peut venir naturellement que d'un autre mouvement[105]. Une chose encore plus frappante, c'est que l'aperception elle-même suppose toujours de l'inaperçu. «Il n'est pas possible que nous réfléchissions toujours expressément sur toutes nos pensées; autrement l'esprit ferait réflexion sur chaque réflexion à l'infini sans pouvoir jamais passer à une autre pensée. Par exemple, en m'apercevant de quelque sentiment présent, je devrais toujours penser que j'y pense, et penser encore que je pense d'y penser, et ainsi à l'infini[106].»

[Note 104: LEIBNIZ, *N. Essais*, 224a, 11; p. 225a, 14.]

[Note 105: LEIBNIZ, *N. Essais*, p. 224a, 11; *Réplique aux réflexions de Bayle*, p. 185b; *Monadol.*, p. 707a, 23.]

[Note 106: LEIBNIZ, *N. Essais*, p. 226b, 19.]

De plus, l'existence de ces perceptions inaperçues n'est pas un fait accidentel; elles tiennent à la nature des choses. «Les puissances véritables ne sont jamais de simples possibilités. Il y a toujours de la tendance et de l'action[107].»

[Note 107: *Ibid.*, p. 223b, 9.]

Or l'action essentielle de l'âme, c'est la pensée. Donc elle pense toujours. Et cependant elle n'a pu toujours s'apercevoir de ce qu'elle pense; un enfant ne fait pas de métaphysique dans le sein de sa mère. Il faut donc, en vertu de l'essence de l'âme, qu'il existe des perceptions inaperçues; et il le faut aussi, en vertu de son intime union avec l'organisme. «Il y a toujours une exacte correspondance entre le corps et l'âme[108].» Pas un changement dans le physique, si infime qu'on le suppose, qui n'ait quelque retentissement dans le mental. «S'il y avait des impressions dans le corps pendant le sommeil ou pendant qu'on veille, dont l'âme ne fût point touchée ou affectée du tout, il faudrait donner des limites à l'union de l'âme et du corps, comme si les impressions corporelles avaient besoin d'une certaine figure ou grandeur pour que l'âme s'en pût ressentir; ce qui n'est point soutenable[109].» Du moment que l'âme est simple, elle doit être modifiée par les petits mouvements du corps comme par les grands. Mais ces mouvements sont en nombre infini et forment une sorte de tourbillon qui ne se calme jamais[110]. C'est donc bien que nous recevons du dehors, et à chaque instant, une multitude d'impressions dont nous avons quelque connaissance sans le remarquer, «tout comme ceux qui habitent auprès d'un moulin à eau ne s'aperçoivent pas du bruit qu'il fait[111]».

[Note 108: LEIBNIZ. *N. Essais*, p. 225b, 15.]

[Note 109: *Ibid.*, p. 225b, 15.]

[Note 110: *Ibid.*, p. 223b, 9.]

[Note 111: *Ibid.*, p. 225b, 15.]

Si l'âme pense toujours, elle pense dès son origine. Et voilà l'acte premier d'où dérivent tous les autres actes de la sensibilité; voilà le ressort interne qui fait passer de l'implicite à l'explicite le contenu empirique de la monade.

La première image donnée en évoque d'autres qui en évoquent d'autres encore à peu près de la manière suivante:

1° Chaque perception, qui enveloppe l'idée d'un état meilleur, tend à susciter d'autres perceptions.

2° Nous éprouvons à chaque instant une foule «de demi-douleurs», «de petites douleurs inaperceptibles», qui travaillent de derrière la coulisse et «font agir notre machine[112]». Par exemple, «quand je me tourne d'un côté plutôt que d'un autre, c'est bien souvent par un enchaînement de petites impressions dont je ne m'aperçois pas, et qui rendent un mouvement un peu plus malaisé que l'autre[113]». Et ces mouvements eux-mêmes provoquent, en s'opérant, de nouvelles perceptions; car, encore une fois, il ne se fait rien dans le corps qui n'ait son contre-coup dans l'âme.

[Note 112: *ibid.*, p. 248a-248b.]

[Note 113: LEIBNIZ, *N. Essais*, p. 225a, 15.]

3° Lorsque ces perceptions affectives deviennent «notables», elles éveillent l'attention, dont le rôle est à la fois de rendre plus distinctes les images déjà présentes et d'en faire jaillir de nouvelles. C'est ainsi que «de sanglier s'aperçoit d'une personne qui lui crie, et va droit à cette personne, dont il n'avait eu déjà auparavant qu'une perception nue mais confuse comme de tous les autres objets, qui tombaient sous ses yeux et dont les rayons frappaient son cristallin[114]».

[Note 114: *Ibid.*, p. 251b, 5.]

4° Chez l'homme, l'attention s'accompagne de réflexion. Et de là un autre moyen, le plus puissant de tous, d'élargir le domaine de l'expérience. Car la réflexion conduit tout droit à la découverte du possible; et le possible lui-même, pousse, par la voie des hypothèses, à la connaissance de faits nouveaux.

Outre les *images*, ou représentations concrètes, nous trouvons en nous des *idées*, ou représentations abstraites. D'où viennent ces autres formes de la pensée? Faut-il y voir une simple élaboration des images elles-mêmes? Est-ce des données de l'expérience qu'elles résultent en vertu de l'activité de l'entendement? Aristote et ses «sectateurs» l'ont cru; mais il semble bien que leur solution soit insuffisante, et que, sur ce point comme sur d'autres, le passé demande «quelque perfectionnement».

Il y a des *vérités de fait*, c'est-à-dire des jugements, soit particuliers, soit généraux, où l'attribut s'ajoute au sujet sans dériver de son essence elle-même. Et ces vérités sont tirées de l'expérience[115]: c'est la réflexion qui les en dégage et les formule. Mais il faut distinguer aussi des *vérités nécessaires*, comme celles «de l'arithmétique et de la géométrie»: il existe des propositions dont les deux termes sont tellement liés l'un à l'autre que l'on ne conçoit ni lieu ni temps où le premier n'enveloppe le second[116]. Or il y a là une donnée originale que ni l'observation toute seule ni l'observation aidée de la réflexion ne peuvent expliquer. Rien dans les synthèses purement empiriques, qu'elles expriment les phénomènes de l'esprit ou les phénomènes de la matière, qui ait un point d'attache infrangible, un rapport qui ne peut pas ne pas être, un rapport absolu, tout y est susceptible de prendre un autre ordre et une autre suite: tout y est contingent. Et, partant, notre esprit aura beau s'évertuer, notre réflexion pourra limer et transformer à l'infini; elle n'en fera jamais sortir ce qui ne s'y trouve pas: elle ne suffira jamais à changer une simple agglutination physique en une connexion nécessaire[117].

[Note 115: LEIBNIZ, *N. Essais*, p. 207a, 1.]

[Note 116: LEIBNIZ, *N. Essais*, p. 207a, 1; 208a, 5; *Lettre à M. Coste*, datée de 1707, p. 447; *Théod.*, p. 480a, 2; p. 515b, 44; p. 557b, 174.]

[Note 117: LEIBNIZ, *N. Essais*, p. 209b,5.—V. aussi p. 230b-231a, où Leibniz parle du travail de la réflexion sur les données de l'observation.]

Si, au lieu de considérer les *vérités de droit*, on envisage les *idées* elles-mêmes, on trouve aussi qu'en dernière analyse elles sont irréductibles à l'expérience. Toute idée vraie renferme une aptitude interne à se réaliser indéfiniment dans tous les temps et tous les lieux, une *supposabilité* qu'elle ne saurait perdre, quand même le monde entier, avec toutes les intelligences qu'il contient, viendrait à crouler dans le néant: toute idée est nécessairement et par là même éternellement possible. Or il y a là-dedans une réalité qui dépasse toutes les existences individuelles et ne peut y trouver son explication[118].

[Note 118: LEIBNIZ, *N. Essais*, p. 379b, 13.]

C'est donc en dehors de la nature, c'est dans le monde de l'éternité, c'est en Dieu lui-même, que se trouve l'origine première et des vérités nécessaires et des idées[119]. Mais comment? Dieu, d'après Malebranche, est l'objet immédiat de notre entendement, et parce que l'Infini ne se représente pas. Serait-ce là le mot de l'énigme?

[Note 119: *Ibid.*, p 379b-380a, 13.]

La théorie de Malebranche n'est pas dépourvue de fondement. Mais elle a le tort de rapprocher à l'excès le Créateur et la créature. Si c'est en Dieu lui-même que nous voyons les intelligibles et leur enchaînement immuable, Dieu se modifie avec notre âme et souvent par elle; bien plus, il s'identifie de quelque manière avec notre raison, car la pensée et son terme direct ne sauraient être radicalement distincts l'un de l'autre. Et l'on tombe par là dans le panthéisme: c'est Spinoza qui a raison.

Nous n'avons donc pas la vision de Dieu; nous n'en possédons qu'une représentation interne, une sorte de symbole mental: entre Dieu et nous s'interpose son idée, comme le voulait Descartes[120]. «Nos pensées avec tout ce qui est en nous, en tant qu'il renferme quelque perfection, sont produites sans intermission» par l'opération continuée de Dieu. «Ainsi, en tant que nous recevons nos perfections finies des siennes qui sont infinies, nous en sommes affectés immédiatement. Et c'est ainsi que notre esprit est affecté immédiatement par les idées éternelles qui sont en Dieu, lorsque notre esprit a des pensées qui s'y rapportent, et qui en participent[121].» L'idée de Dieu et le contenu logique qu'elle enveloppe sont comme l'empreinte que le Créateur fait de lui-même dans la créature par son action créatrice[122].

[Note 120: *Ibid.*, p. 222a, 1; *Examen des principes de Malebranche*, p. 697b.]

[Note 121: *Ibid.*]

[Note 122: LEIBNIZ, *Remarques sur le sentiment du P. Malebranche*, p. 451b-452b.]

Partant, si Dieu est la source ultime des idées, notre raison en est la source immédiate: elle les contient dans ses profondeurs et les «prend» toujours «de chez soi[123]». Mais elles n'y sont pas plus à l'état explicite que les images dans la sensibilité. Elles y sont comme les veines d'une pierre avant que l'ouvrier les découvre en travaillant[124]; et souvent l'on se fonde sur elles «sans les remarquer, comme on se fonde sur les majeures qu'on supprime lorsqu'on raisonne par enthymènes[125]». On les peut comparer «aux muscles et aux tendons» dont on se sert en marchant, «quoiqu'on n'y pense point[126]». «Notre entendement n'est pas une faculté nue qui consiste dans la seule possibilité de les entendre»; il n'en a pas non plus la connaissance distincte *ab utero matris*. C'est une disposition, une aptitude, une préformation, qui détermine notre âme et qui fait qu'elles en peuvent être tirées[127].»

[Note 123: LEIBNIZ, *N. Essais*, p. 208b,5.]

[Note 124: *Ibid.*, p. 210a, 11; p. 212b, 25; p. 213a, 26.]

[Note 125: *Ibid.*, p. 207b-208a, 4; p. 211a, 19.]

[Note 126: *Ibid.*, p. 211b, 20.]

[Note 127: *Ibid.*, p. 210a, 11.]

Les idées «sont en nous d'une manière virtuelle[128]»; et c'est notre esprit qui «des tire de son propre fonds»[129]. Essentiellement actif, il a le pouvoir de se replier des objets sensibles sur lui-même, de s'analyser de plus en plus et de découvrir peu à peu les rayons que projette en lui le Soleil des intelligences. «On peut trouver» les idées «en considérant attentivement et rangeant ce qu'on a déjà dans l'esprit, sans se servir d'aucune vérité apprise par l'expérience ou par la tradition d'autrui, comme Platon l'a montré dans un dialogue où il introduit Socrate menant un enfant à des vérités abstruses par les seules interrogations sans lui rien apprendre[130]». C'est ce que l'on voit surtout par l'arithmétique et la géométrie. Car ce sont là des sciences que «l'on peut se former dans son cabinet et même à yeux clos, sans apprendre par la vue ni même par l'attouchement les vérités dont on a besoin; quoiqu'il soit vrai qu'on n'envisagerait pas les idées dont il s'agit, si l'on n'avait jamais rien vu ni touché[131]». La nature a voulu, «par une admirable économie», que l'expérience qui est impuissante à nous fournir des idées, nous donne «d'occasion» d'y «prendre garde», et «nous porte aux unes plutôt qu'aux autres[132]».

[Note 128: *Ibid.*, p. 208a, 5.]

[Note 129: *Ibid.*, p. 208a, 5; p. 209b, 5; 212a, 21.]

[Note 130: LEIBNIZ, *N. Essais*, p. 208a, 5.]

[Note 131: *Ibid.*, p. 208a-208b 5; p. 212a, 23.]

[Note 132: *Ibid.*, p. 208b, 5; p. 209b, 5.]

Ainsi, bien que tout soit contenu dans l'âme et à l'état virtuel, bien que «tout lui vienne d'elle-même après Dieu[133]», il y a des différences notables entre l'innéité des *images* et celle des *idées*. 1° Les images ne font que correspondre aux mouvements qu'elles représentent. Les idées ont leur cause efficiente dans leur «objet immédiat externe»: c'est Dieu qu'elles symbolisent et c'est Dieu aussi qui les produit en nous par une action continue; 2° les images sont innées à la sensibilité, et les idées à l'entendement; 3° les images se développent *spontanément*, ou sous l'influence de l'*attention*; et dans l'un et l'autre cas, le ressort caché qui meut tout, est la recherche d'un plus grand plaisir ou d'une moindre douleur. C'est par l'effort de la *réflexion* que les idées s'élèvent du virtuel à l'actuel: elles sont comme autant de découvertes que fait l'esprit en se ramenant par lui-même sur lui-même; 4° il y a toujours du *confus* dans les images, si bien qu'on les analyse: elles sont ce que Platon appelait du nom d'opinion (δόξα). Le propre des idées est de s'élever jusqu'au *distinct*[134]. Mais ce dernier mot demande quelque explication. Pour Leibniz, comme pour Descartes, la distinction diffère de la clarté, bien que d'une autre manière. Leibniz appelle *claire* une idée qui permet de discerner une chose d'une autre; et il appelle *distincte* une idée dont on connaît tous les détails. Ainsi, une idée peut être claire sans être distincte: par exemple, l'idée de couleur est claire; et en même temps elle est très confuse[135].

[Note 133: *Ibid.*, p. 269a, 72.]

[Note 134: LEIBNIZ, *N. Essais*, p. 222a, 1.]

[Note 135: LEIBNIZ, *Meditationes de cognitione, veritate et ideis*, écrit en 1684, p. 79; *N. Essais*, p. 288b; 291b, 13.]

B) Rapports des représentations.—Toutes nos représentations, de quelque faculté qu'elles relèvent, sont susceptibles de *s'associer* les unes aux autres, c'est-à-dire de former des synthèses plus ou moins complexes et plus ou moins solides, où la raison n'entre pour rien et qui peuvent même aller à rencontre de ses lois. «Les ténèbres réveillent l'idée des spectres aux enfants, à cause des contes qu'on leur en a faits. On ne pense pas à un homme qu'on hait, sans penser au mal qu'il nous a fait ou peut faire[136].» «Quand on suit un certain air, on le trouve dès qu'on a commencé[137].» Et l'on observe la «même liaison» «dans les habitudes intellectuelles[138]». «On lie la matière avec l'être comme s'il n'y avait rien d'immatériel. On attache à son opinion le parti de secte dans la philosophie, dans la religion et dans l'État[139]. «L'entendement peut avoir ses *rites*, comme la sensibilité, lorsqu'on cesse de «s'attacher sérieusement à la recherche de la vérité», ou d'y «procéder avec méthode[140]».

[Note 136: LEIBNIZ, *N. Essais*, p. 295b 10-11.]

[Note 137: *Ibid.*, p. 295a, 6.]

[Note 138: *Ibid.*, p. 295b, 17.]

[Note 139: *Ibid.*, p. 295b, 18.]

[Note 140: *Ibid.*, p. 296b.]

Ces associations suivent un certain nombre de lois qu'on peut dégager des formes indéfiniment variées qu'elles revêtent.

1° Souvent elles proviennent de *la fréquence de plusieurs impressions*[141]. Certaines traces du cours des esprits animaux deviennent à la longue «des chemins battus», où ils se précipitent derechef, dès que les mêmes conditions sont données[142]. «Quelques-uns haïssent les livres toute leur vie à cause des mauvais traitements qu'ils ont reçus[143].» «Il s'est trouvé un homme qui avait bien appris à danser, mais qui ne pouvait l'exécuter, quand il n'y avait point dans la chambre un coffre, pareil à celui qui avait été dans celle où il avait appris[144].»

[Note 141: LEIBNIZ, *N. Essais*, p. 296b.]

[Note 142: *Ibid.*, p. 295a, 6.]

[Note 143: *Ibid.*, p. 295b, 15.]

[Note 144: *Ibid.*, p. 295b, 16.]

2° Les associations peuvent résulter également d'une *seule impression*, lorsque cette impression acquiert un certain degré de «véhémence[145]». «Un homme guéri parfaitement de la rage par une opération extrêmement sensible se reconnut obligé toute sa vie à celui qui avait fait cette opération;

mais il lui fut impossible d'en supporter la vue[146].» «Quelqu'un, ayant une fois pris un ascendant sur un autre dans quelque occasion, le garde toujours[147].» «Un enfant a mangé trop de miel et en a été incommodé; et puis, étant devenu homme fait, il ne saurait entendre le nom de miel sans un soulèvement de cœur[148]».

[Note 145: *Ibid.*, p. 296b.]

[Note 146: *Ibid.*, p. 295b, 14.]

[Note 147: *Ibid.*, p. 295b, 15.]

[Note 148: *Ibid.*, p. 295a, 7.]

3° Les associations se forment *par voie de ressemblance*: les phénomènes similaires tendent à s'agglutiner. C'est ainsi que «Descartes ayant eu dans sa jeunesse quelque affection pour une personne louche ne put s'empêcher d'avoir toute sa vie quelque penchant pour celles qui avaient ce défaut». Un gentilhomme qui avait été «blessé peut-être dans son enfance par une épingle mal attachée, ne pouvait plus en voir dans cet état sans être prêt à tomber en défaillance[149]».

[Note 149: LEIBNIZ, *N. Essais*, p. 295b.]

4° *L'autorité* «fait aussi le même effet que l'expérience[150]». C'est pourquoi nos convictions politiques, religieuses et morales sont toujours, en bonne partie, le résultat des influences personnelles ou sociales que nous avons subies dans notre jeunesse.

[Note 150: *Ibid.*, p. 296b.]

Toutefois, ces lois générales ne s'appliquent pas de la même manière à tout le monde. Elles ont plus ou moins d'efficacité suivant «des inclinations et les intérêts[151]» des individus. Au fond, c'est de l'orientation native de chacun, c'est du *caractère* que dépend principalement la suite empirique des représentations.

[Note 151: *Ibid.*, p. 295a, 6.]

Quoi qu'il en soit de ce dernier point, les lois de l'association ont une importance considérable.

D'abord, elles expliquent ce que l'on appelle l'intelligence des bêtes[152]. Si, «quand le maître prend un bâton le chien appréhende d'être frappé», ce n'est point qu'il fasse des syllogismes. Le même *mouvement* s'est continué d'autres fois par une *correction*, qu'a suivie la *douleur*. Et maintenant, ces trois phénomènes sont soudés l'un à l'autre: ils forment un groupe inséparable, et s'évoquent mutuellement. Le chien menacé ne raisonne pas; il ne fait que reproduire une *consécution d'images*. C'est à tort aussi qu'on attribue des abstractions aux animaux. Il est vrai qu'ils «connaissent la blancheur et la remarquent dans la craie comme dans la neige[153]»: ils ont leur manière de discerner dans les objets certains traits de ressemblance. Mais il n'y a là qu'une imitation tout extérieure des opérations de l'entendement humain. Les animaux n'universalisent pas; ils sentent: la pluralité des faits similaires correspond en eux à un même fond d'émotion, et non à une même idée[154].

[Note 152: *Ibid.*, p. 296a.]

[Note 153: *Ibid.*, p. 237a, 10.]

[Note 154: LEIBNIZ, *N. Essais*, p. 237b, 11.]

Les lois de l'association expliquent également une très grande partie de l'activité mentale de l'homme. Car «nous sommes empiriques dans les trois quarts de nos actions». Il demeure toujours de l'indistinct et dans la pratique des beaux-arts, et dans la stratégie militaire, et dans la diplomatie, et dans la plupart des actions qui composent la trame de notre vie quotidienne. En outre, «des hommes raisonnent souvent en paroles, sans avoir presque l'objet même dans l'esprit». Ce n'est pas qu'ils ne puissent trouver leurs idées et en pénétrer la liaison naturelle. «Mais ils ne se donnent point la peine de pousser l'analyse.» Et tout ce qu'ils pensent «n'est que *psittacisme* ou des images grossières et vaines à la mahométane, où eux-mêmes voient peu d'apparence». C'est une des raisons pour lesquelles ils sont si peu touchés de la vérité morale: «Car il faut quelque chose de vif pour qu'on soit ému[155].»

[Note 155: *Ibid.*, p. 257b, 31.]

Les idées s'associent comme les images. Mais, de plus, elles ont entre elles des *rapports nécessaires*. Quelle est la nature de ces rapports?

Ils sont d'abord essentiellement *connaissables*. On ne sait pas au juste pourquoi une perception amène une autre perception, et un mouvement un autre mouvement. Mais on peut savoir pourquoi la somme des angles d'un triangle est égale à deux droits. Et il en va de même pour les autres «connexions d'idées». Elles sont distinctes, parce que leurs termes le sont.

En outre, ces rapports ne dépendent ni des temps, ni des lieux, ni de la constitution de l'entendement humain qui les trouve en lui «sans les former[156]». Elles ne peuvent même dépendre de la volonté souveraine de Dieu, comme l'a imaginé Descartes. Car, outre qu'une telle hypothèse fait de Dieu un être indifférent au bien et au mal, et de la morale une chose purement arbitraire, elle donne lieu de prétendre qu'une proposition comme celle-ci, «trois et trois font six, n'est vraie qu'où et pendant qu'il plaît à Dieu, qu'elle est peut-être fausse dans quelques parties de l'univers, et que peut-être elle le sera parmi les hommes l'année qui vient[157]». Or de semblables conséquences trahissent assez le vice de leur principe. Ce qu'il faut maintenir, c'est que la nécessité qui caractérise les rapports des idées vient de ce que les unes sont comprises dans les autres[158]. *Elle tient à «l'essence des choses»*[159]. Et, par conséquent, il ne se peut d'aucune manière que l'une se réalise sans que les autres se réalisent par là même; car ce serait une contradiction[160]. Ainsi Dieu lui-même n'y saurait rien changer; et «des vérités éternelles, objet de sa sagesse, sont plus inviolables que le Styx[161]».

[Note 156: LEIBNIZ, *N. Essais*, p. 206b, 1.]

[Note 157: LEIBNIZ, *Théod.*, p. 559b., 180: ce sont les paroles de Bayle, tirées de *Rép. au Provincial*, ch. LXXXIX, p. 203. Mais Leibniz fait sien le sentiment qu'elles contiennent.]

[Note 158: LEIBNIZ, *N. Essais*, p. 355a, 1.]

[Note 159: LEIBNIZ, *Théod.*, p. 559b, 180.]

[Note 160: *Ibid.*, p. 480a, 2.]

[Note 161: *Ibid.*, p. 538a, 122.]

Enfin, si les rapports des idées sont nécessaires de par la nature des choses, il faut également qu'ils soient *universels*. L'un dérive de l'autre; il ne se peut produire aucun cas, où un sujet donné n'entraîne à sa suite les prédicats qu'enveloppe son essence[162].

[Note 162: LEIBNIZ, *N. Essais*, 379b, 13.]

Bien qu'également nécessaires, les vérités éternelles n'ont pas toutes la même extension; elles forment une sorte de hiérarchie au sommet de laquelle il y a deux principes régulateurs: celui *de la contradiction*, et celui *de la raison suffisante* ou *déterminante*[163].

[Note 163: LEIBNIZ, *Théod.*, p. 515b, 44.]

Le premier de ces principes peut se définir ainsi: A est A, ou bien: A ne saurait être non A; et il signifie qu'une même proposition ne saurait être vraie et fausse à la fois[164].

[Note 164: LEIBNIZ, *N. Essais*, p. 338b-339a, 1.]

C'est ce principe qui régit les vérités éternelles[165]; et voilà pourquoi il est utile et parfois même nécessaire d'y recourir dans la démonstration.

[Note 165: LEIBNIZ, *Théod.*, p. 480a, 2.]

Considéré sous sa forme *positive* A = A, le principe de contradiction est le *type* auquel il convient de réduire, «à force de conséquences et de définitions», les énonciations universelles dont nous n'avons pas encore l'évidence; car les idées qui s'accordent entre elles se ramènent toujours soit à une identité totale, soit à une identité partielle[166].

[Note 166: LEIBNIZ, *N. Essais*, p. 370b, 3.]

Considéré sous sa forme *négative*, le principe de contradiction fonde ce qu'on appelle la *démonstration par l'absurde*. Lorsqu'on aboutit par voie légitime à une conséquence dont les termes s'excluent, on peut en inférer la fausseté de la proposition d'où l'on est parti et par là même la vérité de sa contradictoire. Et ce procédé, familier aux mathématiciens, est aussi d'un grand secours pour les philosophes, lorsqu'ils l'emploient avec prudence[167]; l'on ne saurait blâmer les scolastiques d'en avoir fait usage.

[Note 167: *Ibid.*, p. 339b, 1.]

Le second principe demande que jamais rien n'arrive, sans qu'il y ait une cause ou du moins une raison déterminante, c'est-à-dire quelque chose qui puisse servir à rendre raison *a priori* pourquoi cela existe et existe ainsi plutôt que de toute autre façon[168].

[Note 168: LEIBNIZ, *Théod.*, p. 515b, 44; *Réponse à la seconde réplique de M. Clarke*, p. 761b, 2; *Réponse à la quatrième réplique de M. Clarke*, p. 765a, 20.]

C'est ce principe qui régit *les vérités de fait*[169]; et voici en quoi il consiste.

[Note 169: LEIBNIZ, *Théod.*, p. 480a, 2.—*Leibniz* a varié sur ce point, comme on le verra dans la *Monadologie*.]

Dieu ne peut vouloir «sans aucun motif»; car une telle action ne se comprend pas: elle est chose contradictoire. De plus, comme Dieu est la souveraine perfection, il ne peut choisir, entre plusieurs partis, que celui qui enveloppe le plus de bien[170]. Ainsi, ni la *nécessité métaphysique* dont a parlé Spinoza, ni *l'indifférence absolue* de la liberté créatrice inventée par Descartes, n'expliquent réellement le devenir. Entre les théories extrêmes développées par ces deux philosophes, il y a un intermédiaire qui contient la vérité[171]: c'est l'action infaillible et non contraignante de l'idée du meilleur sur le vouloir divin; c'est la *nécessité morale*. Et là se trouve la *raison suffisante*[172].

[Note 170: *Ibid.*, p. 516a, 45.]

[Note 171: *Ibid.*, p. 557, 173-174; p. 558, 175 et sqq.]

[Note 172: LEIBNIZ, *Réponse à la troisième réplique de M. Clarke*, p. 755b, 1-2; *Réponse à la quatrième réplique de M. Clarke*, p. 763a, 3-4; p. 763b, 9-10; p. 765a, 20.]

De la raison suffisante découlent deux autres principes qui, bien que moins fondamentaux, président également à l'ordonnance de la nature entière: à savoir, le principe des *indiscernables* et celui de *continuité*.

Puisque le monde, en vertu de la raison suffisante, est le meilleur possible, il renferme aussi le plus de beauté possible, et par là même le plus de *variété* possible. Donc il n'y a pas dans la nature deux êtres qui se ressemblent absolument[173]: «deux gouttes d'eau, ou de lait, regardées par le microscope, se trouveront discernables»; et l'on peut parcourir toutes les forêts de la planète sans y découvrir deux feuilles qui s'imitent parfaitement l'une l'autre[174].

[Note 173: LEIBNIZ, *Réponse à la quatrième réplique de M. Clarke*, p. 765a, 21.]

[Note 174: LEIBNIZ, *Réponse à la troisième réplique de M. Clarke*, p. 755{b}, 4.]

Non qu'il soit impossible absolument de poser deux corps ou deux substances qui soient *indiscernables*; mais «la chose est contraire à la sagesse divine». En se répétant de la sorte, «Dieu et la nature agiraient sans raison[175]».

[Note 175: LEIBNIZ, *Réponse à la quatrième réplique de M. Clarke*, p. 765, 21, 25, 26.]

De plus, puisque le monde est le plus beau possible, il y a aussi le plus *d'unité* possible. Il faut donc que le monde soit la réalisation insensiblement et infiniment différenciée d'un seul et même principe. «Tout va par degrés dans la nature et rien par saut[176]»; les changements sans nombre qui s'y produisent, bien que toujours dissemblables de quelque façon, se ressemblent toujours par quelque endroit et forment un développement qui n'a rien de brusque: ils sont continus.

[Note 176: LEIBNIZ, *N. Essais*, p. 392a, 12.]

Si l'on passe maintenant aux rapports qu'ont entre elles les *images* et les *idées*, il devient plus facile d'en discerner la nature. Mais la question ne laisse pas d'être quelque peu embarrassante. Le style de Leibniz est ondoyant et divers. Sa doctrine, une en son fond, est infiniment variée en sa forme, comme la nature elle-même telle qu'il l'a comprise; et de là des équivoques qu'il n'est pas toujours aisé de faire disparaître.

Les idées viennent de l'entendement, et les images de l'expérience interne ou externe. Et par conséquent, l'on ne peut regarder les premières comme le fond logique des secondes, suivant la pensée d'Aristote. Entre le sensible et l'intelligible pur, il n'y a, pour Leibniz, aucune identité ni totale ni partielle: ils forment comme deux séries parallèles. Mais il existe entre eux une correspondance constante. Les images ont, à l'égard des idées, trois rôles assez distincts: 1° elles «nous donnent *occasion* de nous en apercevoir[177]»; 2° elles *dirigent* notre entendement en ui fournissant telle piste d'idées plutôt que telle autre[178]; 3° elles sont un moyen de vérification: en «éprouvant» nos raisonnements «dans les exemples», comme font les arithméticiens vulgaires, nous nous assurons de leur justesse[179]. Et Leibniz, à l'encontre de Malebranche, ajoute l'importance la plus grande à ce rôle de l'expérience. Il en conçoit, comme Descartes, de glorieuses espérances et un état toujours croissant d'ordre et de bien-être pour l'humanité entière. «Le public, mieux policé, dit-il, se tournera un jour, plus qu'il n'a fait jusqu'ici, à l'avancement de la médecine; on donnera par tous les pays des histoires naturelles, comme des almanachs ou comme des Mercures galants; on ne laissera aucune observation sans être enregistrée; on aidera ceux qui s'y appliqueront; on perfectionnera l'art de faire de telles observations, et encore celui de les employer pour faire des aphorismes. Il y aura un temps où le nombre des bons médecins étant devenu plus grand et le nombre des gens de certaines professions, dont on aura moins besoin alors, étant diminué à proportion, le public sera en état de donner plus d'encouragement à la recherche de la nature, et surtout à l'avancement de la médecine; et alors cette science importante sera bientôt portée fort au-delà de son présent état et croîtra à vue d'œil. Je crois, en effet, que cette partie de la police devrait être l'objet des plus grands soins de ceux qui gouvernent, après celui de la vertu, et qu'un des plus grands fruits de la bonne morale ou politique sera de nous amener une meilleure médecine, quand les hommes commenceront à être plus sages qu'ils ne sont, et quand les grands auront appris à mieux employer leurs richesses et leur puissance pour leur propre bonheur[180].» Leibniz a compris, avec une netteté surprenante, que son siècle, cependant si lourd de traditions, entrait déjà dans une ère nouvelle où la science expérimentale devait entasser les prodiges.

[Note 177: *Ibid.*, p. 206b, 1.]

[Note 178: LEIBNIZ, *N. Essais*, p. 209b, 5.]

[Note 179:*Ibid.*, p. 212a, 23.]

[Note 180:*Ibid.*, p. 350b, 19.]

Les images éveillent en notre entendement les théories d'idées qui s'y trouvent à l'état virtuel; et les idées, de leur côté, «s'appliquent» aux images de manière à les coordonner: «elles en font l'âme et la liaison [181]». «Cette proposition: *le doux, n'est pas l'amer*, n'est point innée. Car les sentiments du doux et de l'amer viennent des sens externes. Ainsi, c'est une conclusion mêlée (hybrida conclusio) où l'axiome est appliqué à une vérité sensible[182].» «Celui qui connaît que dix est plus que neuf, que le corps est plus grand que le doigt, et que la maison est trop grande pour pouvoir s'enfuir par la porte, connaît chacune de ces propositions particulières, par une même raison générale, qui y est comme incorporée et enluminée, tout comme l'on voit des traits, chargés de couleurs, où la proportion et la configuration consistent proprement dans les traits, quelle que soit la couleur[183].» Et il en va toujours ainsi, que les propositions dont il s'agit soient singulières ou qu'elles aient cette généralité relative que l'expérience par elle-même ne dépasse jamais: ce sont les idées qui, en s'y mêlant, leur communiquent la nécessité que nous y remarquons assez souvent. Et, par une telle explication, Leibniz annonce et prépare Kant. Kant fera de tout objet de la connaissance une synthèse de l'intelligible et du sensible, et les représentations simplement *générales*, que Leibniz attribue à l'activité de l'entendement, deviendront pour lui ce qu'il appelle des schèmes.

[Note 181: LEIBNIZ, *N. Essais*, p. 211b, 20.]

[Note 182: *Ibid.*, p. 211a, 10.]

[Note 183: *Ibid.*, p. 380b, 1.]

C) Valeur des représentations.—Les idées ont une *valeur objective* qui consiste à coordonner les données empiriques: et, de plus, elles ont une *valeur formelle*, qui est absolue. N'étant que possibles, elles ne signifient point qu'il y ait une expérience; mais elles exigent que, s'il y en a une, elle soit de tous points conforme à leurs lois. Rien en fait qui puisse déroger au principe de contradiction, ou au principe de raison suffisante; rien que ne dominent les enchaînements d'idées qui forment le plein de notre entendement. Et de là une conséquence importante: c'est que les «propositions mixtes» où l'intelligible s'applique au sensible, sont plus que «des vérités humaines»; elles impliquent une convenance de termes qui ne saurait jamais manquer: les sciences expérimentales ont, comme les mathématiques, bien que d'une autre manière, un fond d'éternité.

A son tour, l'expérience ne porte pas dans le vide, quand elle est légitimement faite. Nous avons des «phénomènes bien fondés[184]», des images qui correspondent à des réalités extérieures, indépendantes de toute perception; et ces images, nous les pouvons discerner dans une certaine mesure. On a déjà vu que le nombre des monades est infini et qu'il se fait entre elles un trafic incessant de pensées qui traduisent au dedans de chacune ce qui se passe dans les autres. De plus, nous remarquons en nous des systèmes de représentations dont nous ne sommes pas cause, et où nous trouvons les divers signes physiques qui accompagnent habituellement nos propres perceptions et appétitions. Or comment expliquer de semblables faits, s'il n'y avait au dehors des êtres plus ou moins semblables à nous qui les produisent[185]? Le tout est donc de distinguer les «phénomènes réels» de ceux qui ne sont qu'imaginaires. Et l'on possède, pour faire ce discernement, des indices qui ne trompent pas en général, quand on est à même de les observer. «Les phénomènes réels» ont une *intensité* qui leur est spéciale. En outre, ils se prêtent à *toute sorte d'expérimentation*: on peut essayer de les regarder et sous divers aspects, de les sentir, de les frapper, de les palper; et, toujours ils répondent à notre attente; nous n'y constatons jamais rien qui tienne des fantaisies du songe[186]. Mais la «marque principale de la réalité d'un phénomène, marque qui suffit par elle-même, c'est la *possibilité de la prédiction*. Il faut bien alors qu'il y ait une harmonie de fond entre la pensée et le monde extérieur; car, s'il en était autrement, l'événement prévu n'arriverait pas à point[187], ou, du moins, ne se reproduirait pas à terme fixe.

[Note 184: LEIBNIZ, *Lettre II au P. des Bosses*, p. 436b.]

[Note 185: LEIBNIZ, *De modo distinguendi phenom. real. ab imaginariis*, p. 445a.]

[Note 186: LEIBNIZ, *De modo distinguendi phenom. real. ab imaginariis*, p. 442b.]

[Note 187: *Ibid.*, p. 444a.]

Et cette démonstration permet de compléter l'inférence que l'on a tirée plus haut relativement aux sciences expérimentales: non seulement les sciences expérimentales traduisent les convenances essentielles des phénomènes, mais encore elles symbolisent d'une certaine manière les lois du *monde réel*.

D) Existence de la liberté.—Au-dessus de *l'appétition brute*, il y a *l'appétition réfléchie*, qui est libre. C'est là un fait, pour Leibniz; et ce fait, il le défend à tout propos avec cette obstination tranquille dont il a le don. Mais, selon lui, l'expérience interne ne suffit pas à l'établir; il y faut ajouter le raisonnement. Ce n'est pas la *psychologie*, c'est la *métaphysique* qui nous révèle l'empire que nous avons sur nous-mêmes; la découverte de la liberté est le résultat d'une déduction.

«Par le sentiment clair et net que nous avons de notre existence, écrivait Bayle dans la *Réponse aux questions d'un Provincial* (ch. CXL, t. III, p. 76 et sqq.), nous ne discernons pas si nous existons par nous-mêmes, ou si nous tenons d'un autre ce que nous sommes. Nous ne discernons cela que par la voie des réflexions; c'est-à-dire qu'en méditant sur l'impuissance où nous sommes de nous conserver autant que nous le voudrions, et de nous délivrer de la dépendance des êtres qui nous environnent, etc. Disons aussi que le sentiment clair et net que nous avons des actes de notre volonté, ne nous peut faire discerner si nous nous les donnons nous-mêmes ou si nous les recevons de la même cause qui nous donne l'existence.» «Toute personne qui examinera bien les choses connaîtra évidemment que, si nous n'étions qu'un sujet passif à l'égard de la volonté, nous aurions les mêmes

sentiments d'expérience que nous avons lorsque nous croyons être libres.»
«Car soit que l'acte de vouloir nous soit imprimé par une cause extérieure,
soit que nous le produisions nous-mêmes, il sera également vrai que nous
voulons; et comme cette cause extérieure peut mêler autant de plaisir qu'elle
veut dans la volition qu'elle nous imprime, nous pourrons sentir quelquefois
que les actes de notre volonté nous plaisent infiniment, et qu'ils nous
mènent selon la pente de nos plus fortes inclinations. Nous ne sentirons
point de contrainte. Vous savez la maxime: *voluntas non potest cogi*. Ne
comprenez-vous pas clairement qu'une girouette à qui l'on imprimerait,
toujours tout à la fois (en sorte pourtant que la priorité de nature, ou si l'on
veut même une priorité d'instant réel, conviendrait au désir de se mouvoir)
le mouvement vers un certain point de l'horizon, et l'envie de se tourner de
ce côté-là, serait persuadée qu'elle se mouvrait d'elle-même pour exécuter
les désirs qu'elle formerait? Je suppose qu'elle ne saurait point qu'il y eût des
vents, ni qu'une cause extérieure fît changer tout à la fois, et sa situation, et
ses désirs. Nous voilà naturellement dans cet état: nous ne savons point si
une cause invisible nous fait passer successivement d'un point à un autre. Il
est donc naturel que les hommes se persuadent qu'ils se déterminent eux-
mêmes. Mais il reste à examiner s'ils se trompent en cela comme en une
infinité d'autres choses qu'ils affirment par une espèce d'instinct et sans
avoir employé les méditations philosophiques[188].»

[Note 188: LEIBNIZ, *Théod.*, p. 592-593, 299; p. 517a, 50.]

Leibniz se range à cette opinion anticartésienne; il admet qu'elle a «de la
force contre les systèmes ordinaires[189]». Et l'on comprend sa manière de
voir, lorsqu'on se reporte à la théorie des «petites perceptions». Au fond de
notre âme travaille à chaque instant une multitude d'impressions
infinitésimales qui échappent au regard de la réflexion[190]. «Nous sommes
aussi peu capables de nous apercevoir de tout le jeu de notre esprit et de ses
pensées, le plus souvent imperceptibles et confuses, que nous le sommes de
démêler toutes les machines que la nature fait jouer dans le corps[191].
«Nous n'avons donc jamais la connaissance adéquate des antécédents de
nos volitions; on peut même dire que nous en ignorons d'ordinaire la partie
la plus notable et la plus vivace. Et ne semble-t-il pas alors qu'il soit difficile
de discerner, à la lumière de l'introspection toute seule, d'où vient le courant
d'énergie qui produit nos «volontés». Il est vrai que, si nous avons le
sentiment de tirer de nous-mêmes nos propres décisions, de les *commencer* en
vertu d'un effort qui ne vient que de nous, le témoignage de la conscience
acquiert une valeur différente; car, dans ce cas, il nous révèle en fait notre
indépendance à l'égard de tout le reste: quelles que soient les influences
hypocrites de l'inconscient ou subconscient, nous sommes *sûrs de ne pas être
déterminés par autre chose, puisque nous nous déterminons nous-mêmes*. Mais Leibniz,
impressionné par Spinoza et Bayle, ne prend point la question de ce biais. Il

abandonne la preuve de l'expérience interne et se rabat, pour établir le «franc arbitre», sur son système de *l'harmonie préétablie*[192]. Voici la démonstration qu'il institue:

[Note 189: *Ibid.*, p. 593a, 300.]

[Note 190: LEIBNIZ, *N. Essais*, p. 225, 15.]

[Note 191: *Ibid.*, p. 253b, 13.]

[Note 192: LEIBNIZ, *Théod.*, p. 593a, 300.]

La théorie de *l'universelle et absolue nécessité*, qu'a développée Spinoza, n'est pas admissible. On sent de prime abord, avant tout examen détaillé, qu'elle renferme des erreurs de fond. Il faut croire, d'après cette hypothèse, «que tous les romans qu'on peut imaginer existent réellement à présent, ou ont existé, ou existeront encore dans quelque endroit de l'univers». Il faut admettre «qu'il a été aussi impossible de toute éternité que Spinoza, par exemple, ne mourût pas à la Haye, qu'il est impossible que deux et deux soient six». Or c'est «une conséquence qui rebute, qui effarouche, qui soulève les esprits par l'absurdité qu'elle renferme diamétralement opposée au sens commun [193]». De plus, lorsqu'on étudie de près la doctrine spinoziste, on ne tarde pas à s'apercevoir qu'elle contredit les données de l'expérience. La nature ne trouve pas son explication intégrale dans la *cause efficiente*; on est obligé, pour en donner une interprétation satisfaisante, de recourir, en dernière analyse, «à quelque chose qui dépend des *causes finales* ou de la *convenance*[194]». Il n'y a rien d'absolument nécessaire dans cette loi du mouvement: «l'action est toujours égale à la réaction». Car «il semble, en considérant l'indifférence de la matière au mouvement et au repos, que le plus grand corps en repos pourrait être emporté sans aucune résistance par le moindre corps qui serait en mouvement; auquel cas il y aurait action sans réaction, et un effet plus grand que sa cause[195]». Il n'y a rien non plus d'absolument nécessaire dans la loi qui veut que «la même force se conserve toujours»: «cet axiome d'une philosophie supérieure ne saurait être démontré géométriquement[196]». Et l'on en peut dire autant de la loi de *continuité*. Elle est convenable, il n'y a rien de si beau; et l'on ne concevrait pas que Dieu, travaillant pour le *meilleur*, ne l'eût pas fait entrer dans son œuvre; mais, lorsqu'on la considère en elle-même et du point de vue mécanique, on ne réussit pas à voir pourquoi le monde ne s'en serait pas passé: elle n'a rien de la rigueur d'un corollaire[197]. Pourquoi les corps célestes ont-ils telle forme plutôt que telle autre? Pourquoi vont-ils d'orient en occident, au lieu de suivre la marche inverse? D'où vient qu'ils diffèrent et en grandeur et en éclat? Ce sont aussi des questions que la philosophie de la nécessité ne saurait résoudre.

[Note 193: *Ibid.*, p. 557, 173.]

[Note 194: LEIBNIZ, *Théod.*, p. 605b, 350.]

[Note 195: *Ibid.*, p. 604b, 346-347.]

[Note 196: LEIBNIZ, *Théod.*, p. 604b, 346.]

[Note 197: *Ibid.*, p. 605a, 348.]

Il existe donc dans la nature une multitude de choses qui pourraient être autrement qu'elles ne sont: la contingence éclate dans l'univers et de toutes parts; il y a une infinité de possibles qui ne sont pas réalisés et qui peut-être ne le seront jamais. De plus, ceux qui le sont conservent une aptitude inaliénable, soit à se ranger dans un autre ordre, soit à se mouvoir différemment. Ainsi les événements sont liés, il est vrai; mais ils ne le sont pas à la manière des vérités logiques et mathématiques. Leur suite a toujours quelque chose de conditionnel; et il suffit, pour la modifier, que des causes adventices agissent du dehors. Une horloge, quand elle est montée, ne peut marcher autrement qu'elle ne marche. Mais qu'on en retouche les rouages ou qu'on en change le balancier, et l'on obtiendra un mouvement nouveau. Voilà l'image de l'univers.

Si telle est la malléabilité de l'être, il n'y a plus *d'obstacle métaphysique* à ce que l'âme humaine intervienne de son chef dans le cours des événements; et, d'autre part, elle a par nature *de quoi* produire de telles interventions. Toute âme, quel que soit son degré de développement, a une suite de perceptions qui lui sont propres et qui naissent naturellement les unes des autres; «sans qu'elle ait besoin de recevoir aucune influence physique du corps: comme le corps aussi de son côté s'accommode aux volontés de l'âme par ses propres loix et par conséquent ne lui obéit, qu'autant que ces loix le portent[198]». Toute âme contient en elle-même le principe intégral de toutes ses actions et possède ainsi «une parfaite spontanéité[199]». De plus, l'âme humaine n'est pas «bandée aux objets», comme les autres; elle se pense elle-même: la spontanéité, en elle, s'imprègne de réflexion. Et voilà pourquoi elle peut dans une certaine mesure diriger le cours de ses représentations et régler ses désirs; voilà ce qui la rend indépendante non seulement à l'égard des autres êtres, mais aussi à l'égard d'elle-même[200]; voilà ce qui la fait libre: «de franc arbitre est une spontanéité qui se sait, *spontaneitas intelligentis*[201]».

[Note 198: LEIBNIZ, *Théod.*, p. 590b, 291.]

[Note 199: *Ibid.*, p. 593, 300-301.]

[Note 200: LEIBNIZ, *N. Essais*, p. 253b, 12; *Théod.*, p. 590a, 288-289; p. 593b, 301.]

[Note 201: LEIBNIZ, *De Libertate*, p. 669a.]

Ainsi la liberté suppose trois conditions essentielles: la *contingence*, c'est-à-dire «d'exclusion de la nécessité logique ou métaphysique»; «la *spontanéité* avec laquelle nous nous déterminons»; «*l'intelligence* qui enveloppe une connaissance distincte de l'objet de la délibération». Or ces trois conditions sont données. Elle existe donc. Mais quelle en est la nature intime?

E) Nature de la liberté.—Sorti de la doctrine de la nécessité, Leibniz essaie aussi d'échapper à celle de *l'indifférence*. C'est entre ces deux écueils qu'il tente de s'ouvrir une voie.

Leibniz n'admet pas une «indifférence d'équilibre»; il ne croit pas qu'on choisisse jamais quand on n'est nullement sollicité. A ses yeux, «un tel choix serait une espèce de pur hazard, sans raison déterminante, tant apparente que cachée[202]». Car il n'y a que deux situations possibles pour une liberté d'indifférence: ou bien elle manque entièrement de motif qui la pousse dans un sens plutôt que dans l'autre; ou bien elle se trouve en face de «motifs parfaitement égaux». Or, dans les deux cas, tout effort, toute décision, tout commencement, si faible qu'on l'imagine, est chose irrationnelle, une contradiction réalisée.

[Note 202: LEIBNIZ, *Théod.*, p. 593b, 303.]

«Vouloir qu'une détermination vienne d'une pleine indifférence absolument indéterminée, est vouloir qu'elle vienne naturellement de rien. L'on suppose que Dieu ne donne pas cette détermination: elle n'a donc point de source dans l'âme, ni dans le corps, ni dans les circonstances, puisque tout est supposé indéterminé; et la voilà pourtant qui paraît et qui existe sans préparation, sans que rien s'y dispose, sans qu'un Ange, sans que Dieu puisse voir ou faire voir comment elle existe. C'est non seulement sortir de rien, mais même c'est en sortir par soi-même[203].»

[Note 203: *Ibid.*, p. 598a, 320.]

On ne se méprend pas moins, lorsqu'on prête à l'homme la puissance de se déterminer en présence de motifs parfaitement égaux[204]; car c'est un principe absolu: rien ne se fait sans raison. Or, dans le cas donné, il n'y en a pas pour qu'on prenne à gauche plutôt qu'à droite, et précisément parce qu'il y en a autant pour aller dans le premier sens que dans le second. L'âne de Buridan serait mort de faim entre sa botte de foin et sa ration d'avoine, si quelque impulsion secrète n'était venue rompre l'équilibre et le tirer ainsi de son mauvais pas[205]. D'ailleurs, «de cas du parfait équilibre» est chimérique: il ne se produit pas dans la réalité, «d'univers ne pouvant jamais être mi-parti, en sorte que toutes les impressions soient équivalentes de part et d'autre». «Il y a toujours des raisons dans la nature qui sont cause de ce qui arrive par hazard ou par le sort[206].» «Quoique je ne voie pas toujours la raison d'une inclination qui me fait choisir entre deux partis qui paraissent égaux, il y aura toujours quelque impression, quoique imperceptible, qui nous détermine[207].» Ainsi l'exige le principe des *indiscernables*. Si les deux termes d'une alternative donnée étaient absolument semblables, ils n'en feraient plus qu'un. Les états de l'âme diffèrent comme les feuilles des bois.

[Note 204: *Ibid.*, p. 594a, 304.]

[Note 205: LEIBNIZ, *Théod.*, p. 594, 306-307; p. 517a, 49.]

[Note 206: *Ibid.*, p. 594b, 307.]

[Note 207: *Ibid.*, p.594a, 305.]

La liberté d'indifférence est donc *impossible*; elle se heurte de front au «grand principe de la raison déterminante». De plus, on peut dire qu'elle a quelque chose d'*immoral*, La moralité, en effet, enveloppe l'amour du bien. Or il n'y a rien de tel dans la liberté d'indifférence; vu qu'elle est essentiellement neutre, inaccessible par définition et au charme du bien et à celui du mal[208]. Et de là dérivent des conclusions graves, qui ébranlent jusqu'aux bases de la science de la vie. «Si la justice a été établie arbitrairement et sans aucun sujet, si Dieu y est tombé par une espèce de hazard, comme lorsqu'on tire au sort, sa bonté et sa sagesse n'y paraissent pas[209]»; ou, si elles y paraissent encore, c'est que Dieu, avant de créer le monde, «ne voyait rien de meilleur dans la vertu que dans le vice, et que ses idées ne lui montraient pas que la vertu fût plus digne de son amour que le vice». Et «cela ne laisse nulle distinction entre le droit naturel et le droit positif.

[Note 208: *Ibid.*, p. 558a, 175.]

[Note 209: *Ibid.*, p. 558a, 176.]

Il n'y aura plus rien d'immuable ou d'indispensable dans la morale[210]».

[Note 210: LEIBNIZ, *Théod.*, p. 559b, 180.]

Il existe donc une sorte de rapport causal entre la liberté et ses motifs. Mais ce rapport ne ressemble pas à ce que l'on voit dans les phénomènes mécaniques: il présente un caractère à part qui lui vient de la nature spéciale de ses termes constitutifs. C'est une erreur de croire que les motifs et la volonté s'actionnent entre eux comme les rouages d'une poulie.

La liberté suit toujours le *motif prévalent*; elle le suit d'une manière *infaillible*. Car, soit qu'il s'agisse d'êtres purement spontanés, soit qu'il s'agisse d'êtres libres, il demeure également vrai que «tout ce qui vient de la nature d'une chose est déterminé[211]», puisque le principe de raison suffisante ne peut souffrir d'exception. Et ce *motif prévalent* se manifeste toujours par un *attrait*, qu'il se rapporte au devoir ou bien à la passion: il ne meut la liberté qu'autant qu'il meut la sensibilité elle-même. «Nous ne voulons à la vérité que ce qui nous plaît[212].» Sur ce point, Leibniz ne devine pas Kant; il n'a nulle idée d'une action directe de l'idée du devoir sur la volonté pure. Et il ne faut pas trop lui en vouloir; tout son siècle en était là: il ne s'agissait autour de lui que de l'attrait de la nature opposé à l'attrait de la grâce. Théologiens et philosophes ne comprenaient l'action des motifs que comme une forme du plaisir; et c'est là, sans doute, l'une des raisons pour lesquelles ils ont tant parlé de libre arbitre sans pouvoir s'entendre. Il manquait à leurs discussions une idée maîtresse qu'ils possédaient, il est vrai, d'une manière implicite, mais qui attendait encore de l'avenir la précision de ses contours et sa vraie portée.

[Note 211: *Ibid.*, p. 594b, 308.]

[Note 212: *Ibid.*, p. 590a, 289.]

Bien qu'*infaillible*, l'action des motifs n'est point *fatale*, la volonté peut être _inclinée, _mais elle ne saurait être *nécessitée*[213]. La prévalence du motif dominant «n'empêche point que l'homme ne soit maître chez lui[214]». Car, du moment que la liberté est une force qui se connaît, elle dispose toujours d'elle-même et garde ainsi le pouvoir d'agir autrement qu'elle n'agit en fait; mais en quoi consiste au juste cette influence *infaillible* et qui cependant *ne nécessite pas*? C'est un mystère que Leibniz n'essaie pas même d'éclaircir. Il va sans cesse répétant la formule des docteurs du moyen âge: *non necessario, sed certo*; et il ne l'explique jamais. Il n'a qu'une préoccupation, qui est d'échapper au fatalisme spinoziste tout en donnant satisfaction au principe de raison suffisante: son attitude est défensive. Et pourtant l'on se demande avec inquiétude comment il se fait qu'un choix qui peut toujours manquer ne manque jamais en réalité. Les grâces suffisantes qui conduisent infailliblement aux enfers sont une énigme redoutable, non seulement au cœur, mais encore à la raison.

[Note 213: LEIBNIZ, *Théod.*, p. 611b, 371; p. 599a, 324; *N. Essais*, p. 251b-252a, 6.]

[Note 214: LEIBNIZ, *Théod.*, p. 599b, 326; p. 588a, 282; p. 611a, 369.]

On ne comprendrait pas complètement ce qui fait l'essence de la liberté d'après Leibniz, si l'on s'en tenait là. Cette faculté, à ses yeux, enveloppe de sa nature une tendance à l'ordre rationnel. Et cette tendance, qui en est comme le lest, sert aussi à marquer son degré de perfection. On est d'autant moins libre qu'on agit davantage par passion; on l'est d'autant plus qu'on agit davantage par raison[215]. Et celui-là est le plus libre qui est toujours «déterminé par la raison du meilleur[216]».

[Note 215: LEIBNIZ, *De libertate*, p. 669b.]

[Note 216: LEIBNIZ, *N. Essais*, p. 263b, 50.]

D'autre part, la tendance à l'ordre, qui fait le fond de la liberté, croît avec la connaissance elle-même. «Notre connaissance est de deux sortes: distincte ou confuse. La connaissance distincte, ou *l'intelligence*, a lieu dans le véritable usage de la raison; mais les sens nous fournissent des pensées confuses. Et nous pouvons dire que nous sommes exempts d'esclavage en tant que nous agissons avec une connaissance distincte, mais que nous sommes asservis aux passions, en tant que nos perceptions sont confuses. C'est dans ce sens que nous n'avons pas toute la liberté qui serait à souhaiter, et que nous pouvons dire avec saint Augustin, qu'étant assujettis au péché, nous avons la liberté d'un esclave[217].» Il y a donc une hiérarchie de libertés, de même qu'il y a une hiérarchie de pensées; et c'est la seconde de ces hiérarchies qui explique la première. Le sage est plus libre que le libertin; l'ange, plus libre que l'homme; Dieu, qui n'agit jamais que pour le meilleur, est l'idéal éternel et vivant de la liberté. Et cette gradation a pour règle le progrès de la connaissance: la liberté est un libre amour du bien, qui grandit avec et par la raison.

[Note 217: LEIBNIZ, *Théod.*, p. 590a, 289.]

De cette théorie se dégage une conséquence relative à l'accord du franc arbitre et de la prescience divine, ce problème tant de fois agité par le moyen âge et aussi par le XVIIe siècle.

Leibniz ne pense pas, comme Descartes et Bossuet, qu'il faille se contenter de tenir les deux bouts de la chaîne. Son avis est qu'on peut voir comment ils se rattachent l'un à l'autre. «Lorsqu'on prétend, dit-il, qu'un événement ne saurait être prévu, on confond la liberté avec l'indétermination, ou avec l'indifférence pleine et d'équilibre.» Que l'on renonce à cette «chimère»; que l'on ait recours à la théorie de la *nécessité morale*; et tout s'explique de soi. D'après cette théorie, en effet, il n'y a pas de cas de parfait équilibre; et, d'autre part, «l'inclination prévalente» l'emporte toujours. Il y a donc entre le présent et l'avenir un lien certain, des points d'attache qui ne manquent jamais. Et cela suffit pour que Dieu ait des futurs contingents une science qui n'est jamais en défaut. Dieu prévoit les actes libres dans leurs causes aussi bien que les autres événements. Toute la différence, c'est que ces causes produisent leurs effets *sans contrainte*: elles les assurent sans aller jusqu'à les rendre nécessaires[218].

[Note 218: LEIBNIZ, *Théod.*, p. 611a, 369; p. 610b, 367; p. 516b, 47-48; p. 552a, 162-166.]

F) Éducation de la liberté.—Leibniz regarde toujours aux conséquences pratiques; il se préoccupe sans cesse des vérités religieuses et morales: c'est un apologiste du bien autant qu'un philosophe. Il innove sans relâche; et cependant on ne vit peut-être jamais un penseur aussi sincèrement respecueux des croyances traditionnelles: son souci dominant est de «perfectionner» et non de détruire[219].

[Note 219: LEIBNIZ, *N. Essais*, p. 219a, 21.]

La liberté a des degrés; elle est capable de s'améliorer elle-même. Leibniz ne manque pas d'indiquer les procédés à l'aide desquels on en peut faire l'éducation. Et il apporte à cette tâche la sagesse d'un Père de l'Église, et la pénétration d'un psychologue de génie, tout en rattachant ses observations à sa philosophie de la volonté.

Comme «l'inclination prévalente» l'emporte toujours, l'esprit n'a pas de pouvoir direct sur ses désirs; il n'a sur eux qu'un pouvoir indirect, «à peu près comme Bellarmin voulait que les Papes eussent droit sur le temporel des rois[220]». Le secret de la victoire morale est «d'y pourvoir de loin» et à force «d'adresse»; «car, dans le moment du combat, il n'est plus temps d'user» d'artifices [221]. Il faut se préparer des armes par avance, si l'on veut avoir le dessus dans la lutte[222].

[Note 220: LEIBNIZ, *Théod.*, p. 599b, 327; *N. Essais*, p. 262b, 48.]

[Note 221: LEIBNIZ, *N. Essais*, p. 260b, 40.]

[Note 222: *Ibid.*, p. 262b, 48; p. 262a, 47; *Théod.*, p. 599b, 326.]

L'art de se vaincre soi-même consiste principalement à développer la puissance de la raison. «Rien ne serait plus fort que la vérité, dit Leibniz en reprenant une pensée d'Aristote[223], si l'on s'attachait à la bien connaître et à la faire valoir; et il y aurait moyen sans doute d'y porter fortement les hommes. Quand je considère combien peut l'ambition et l'avarice dans tous ceux qui se mettent une fois dans ce train de vie, presque destitué d'attraits sensibles et présents, je ne désespère de rien, et je tiens que la vertu ferait infiniment plus d'effet, accompagnée comme elle est de tant de solides biens, si quelque heureuse révolution du genre humain la mettait un jour en vogue et comme à la mode[224].»

[Note 223: *Arist., Eth. Eud.*, H, 13, 1246b, 32-34, Ed. de Berlin, 1831.]

[Note 224: LEIBNIZ, *N. Essais*, p. 260a, 37.]

Or il y a plusieurs manières d'accroître la force de la raison et d'en assurer l'empire.

La première est la *méditation*. La grande raison pour laquelle il y a si peu de vertu sur la terre, c'est que les hommes ne se donnent point la peine de se faire des idées distinctes du bien et des motifs qui le fondent. D'ordinaire «nos pensées et nos raisonnements, contraires au sentiment, sont une espèce de psittacisme, qui ne fournit rien pour le présent à l'esprit». «Autant en emporte le vent.» Car «des plus beaux préceptes de morale avec les meilleures règles de la prudence ne portent coup que dans une âme qui y est sensible». Si l'on veut faire triompher l'idée du meilleur, si l'on veut établir en soi le règne de la justice, il faut «se recueillir de temps en temps», «s'élever au-dessus du tumulte présent des impressions et réfléchir pour tout de bon sur la beauté de l'ordre qui se manifeste dans l'univers, sur les perfections infinies de Dieu et la valeur souveraine du bien. C'est alors seulement qu'on éprouve ces émotions vives et profondes, ces ardeurs indescriptibles dont parle Cicéron, et qu'exciterait en nous la beauté de la vertu, si nos yeux pouvaient l'entrevoir[225].

[Note 225: LEIBNIZ, *N. Essais*, p. 257b, 31; p. 259b, 37; p. 262a, 47; p. 302, 2-3.]

Il est aussi très bon de «*s'accoutumer à procéder méthodiquement* et à s'attacher à un train de pensées, dont la raison et non le hazard (c'est-à-dire les impressions insensibles et casuelles) fassent la liaison[226]». Et, pour cela, il convient de recourir à quelque artifice qui nous donne le temps de nous recueillir avant de passer à l'action. «Les hommes auraient bien souvent besoin de quelqu'un, établi en titre (comme en avait Philippe, le père d'Alexandre le Grand) qui les interrompît et les rappelât à leur devoir. Mais, au défaut d'un tel officier, il est bon que nous soyons stylés à nous rendre cet office nous-mêmes[227].» «Supposons qu'Auguste, prêt à donner des ordres pour faire mourir Fabius Maximus, se serve à son ordinaire du conseil qu'un philosophe lui avait donné, de réciter l'alphabet grec, avant que de rien faire dans le mouvement de sa colère: cette réflexion sera capable de sauver la vie de Fabius et la gloire d'Auguste[228].»

[Note 226: *Ibid.*, p. 262a, 47.]

[Note 227: *Ibid.*]

[Note 228: LEIBNIZ, *Théod.*, p. 599b, 326.]

Enfin, «il faut profiter des bons mouvements comme de la voix de Dieu qui nous appelle, pour prendre des *résolutions efficaces*. Et comme on ne peut pas faire toujours l'analyse des notions, des vrais biens et des vrais maux jusques à la perception du plaisir et de la douleur, qu'ils renferment, pour en être touché il faut se faire une fois pour toutes cette loi: d'attendre et de suivre désormais les conclusions de la raison, comprises une bonne fois, quoique non aperçues dans la suite et ordinairement par des pensées sourdes seulement et destituées d'attraits sensibles[229]».

[Note 229: LEIBNIZ, _N. Essais, _p. 258a, 32.]

Ce n'est pas assez pour l'homme de bien d'affermir sa raison; il doit aussi entreprendre *une lutte directe contre ses appétits*. Et cette seconde tâche est importante.

Il faut d'abord qu'il travaille chaque jour à *mortifier ses inclinations*, jusqu'à ce qu'il en ait fait les dociles servantes de la loi morale; car elles ne portent point en elles-mêmes la règle dont elles ont besoin: elles sont comme des coursiers fougueux qu'on forme à l'aide d'une longue et sévère discipline. Et ce qui réussit, dans ce combat quotidien, c'est moins la violence que la ruse. «François de Borgia, général des Jésuites, qui a été enfin canonisé, étant accoutumé à boire largement lorsqu'il était homme de grand monde, se réduisit peu à peu au petit pied, lorsqu'il pensa à la retraite, en faisant tomber chaque jour une goutte de cire dans le bocal qu'il avait coutume de vider[230].» Et l'on ne saurait mieux s'entendre à tromper la nature pour s'en affranchir.

[Note 230: _Ibid., _p. 258a, 32.]

En second lieu, il est très utile de recourir à la *diversion*; il arrive même assez souvent qu'il n'y a pas d'autre moyen d'échapper à la défaite: il se produit des cas où tout est perdu, si l'on n'a soin de détourner promptement son esprit de l'objet qui le captive.

Fertur equis auriga nec audit currus habenas[231].

[Note 231: _Ibid., _p. 260b-261a, 40.]

«A des sensibilités dangereuses on opposera quelque autre sensibilité innocente, comme l'agriculture, le jardinage; on fuira l'oisiveté; on ramassera des curiosités de la nature et de l'art; on fera des expériences et des recherches; on s'engagera dans quelque occupation indispensable, si l'on n'en a point, ou dans quelque conversation ou lecture utile et agréable[232].» «Un voyage entrepris tout exprès guérira un amant[233]; une retraite nous tirera des compagnies qui entretiennent dans quelque mauvaise inclination[234].»

[Note 232: LEIBNIZ, *N. Essais*, p. 258a, 32.]

[Note 233: V. *Xenoph. Mem.*, I, 3, 13, Ed. Tauchnitz, Leipzig, 1887.]

[Note 234: LEIBNIZ, *N. Essais*, p. 258a, 32.]

Telle est, aux yeux de Leibniz, la thérapeutique morale, grâce à laquelle l'homme se délivre insensiblement, et qui peut, par une série de petites ascensions, le conduire jusqu'à la sainteté. Il ne l'a pas découverte; on la trouve tout entière dans les Pères spirituels. Mais il a le mérite d'en avoir donné une formule psychologique. Toutefois le malheur veut qu'il soit difficile d'en voir la signification pratique, si la théorie de la nécessité morale est fondée. D'après cette théorie, les inclinations ne se font jamais parfaitement équilibre; il y en a toujours une qui est prévalente et qui assure par là même son effet: tout est prédéterminé de quelque manière. Et alors où se prendre, dans ce fleuve de pensées et d'appétitions dont le courant est partout vainqueur, pour donner le coup de barre qui sauve? Si loin qu'on remonte vers l'origine de la vie, l'écoulement des choses est également infaillible; on n'y change jamais rien, bien que l'on y puisse toujours changer quelque chose. La liberté, qui signifie seulement contingence, n'est donc qu'une triste théorie (grauist): elle peut faire des coupables; elle ne concourt jamais à faire d'honnêtes gens.

Je crois qu'il a manqué à Leibniz une idée essentielle: il n'a pas remarqué que la loi morale a une action directe sur la volonté pure; il n'a point vu que le devoir a une valeur absolue dont le respect s'impose dès qu'elle est comprise, en dehors et même à l'encontre de tout attrait sensible. Et là cependant doit se trouver la solution du problème. Dans cette hypothèse, en effet, on a toujours une raison prévalente de se prononcer pour le devoir contre la passion, puisque l'un dépasse l'autre de l'infini; on a toujours un motif logiquement péremptoire de rompre la chaîne des inclinations, et toute faute morale devient un libre relâchement. C'est de l'une des idées nouvelles, émises par Kant, qu'il faut partir pour sauver le libre arbitre.

Mais le génie ne travaille jamais en pure perte; et Leibniz, malgré cette lacune de fond, ne laisse point d'avoir précisé le problème de la liberté morale:

1° Il a fait de la théorie de *l'indifférence* une critique qui paraît définitive;

2° Il a mis dans une lumière plus vive la compénétration essentielle de la liberté et de la réflexion;

3° Il faut lui savoir gré d'avoir affirmé si nettement la proportionnalité du franc arbitre et de la connaissance, encore discutée de son temps;

4° Il a soutenu à bon droit que la liberté est amie de l'ordre, comme l'intelligence, et qu'elle y trouve son achèvement.

IV.—DIEU

A) Existence de Dieu.—Leibniz aborde ce problème avec le même esprit religieux que l'on trouve dans Platon au dixième livre des Lois: l'existence de Dieu lui paraît indiscutable; «son évidence, dit-il, égale, si je ne me trompe, celle des démonstrations mathématiques[235]». Il croit, d'autre part, «que presque tous les moyens qu'on a employés pour prouver l'existence de Dieu sont bons» et peuvent servir, pourvu qu'on les «perfectionne[236]»; et c'est à cet achèvement de l'œuvre des siècles qu'il essaie de concourir.

[Note 235: LEIBNIZ, *N. Essais*, p. 373b, 1.]

[Note 236: LEIBNIZ, *N. Essais*, p. 375b, 7.]

On peut ramener à deux chefs principaux les différentes preuves qu'il apporte: les unes sont d'ordre *idéologique* et les autres d'ordre *cosmologique*.

1° *Preuves idéologiques.*—La preuve de saint Anselme[237], que tous les scolastiques ont méprisée, «sans excepter même le Docteur angélique» et que Descartes a reprise, n'est pas un paralogisme, comme on l'a dit tant de fois; «c'est une démonstration imparfaite[238]».

[Note 237: R.P. RAGEY, *Argument de saint Anselme*, p. 19, notes.]

[Note 238: LEIBNIZ, *N. Essais*, p. 374b-375a, 7; *De la démonstration cartésienne de l'existence de Dieu du R.P. Lami*, p. 177a.]

Lorsqu'on affirme que l'idée de Dieu ou de l'Être infini enveloppe l'existence effective, «on suppose tacitement» que Dieu «est possible[239]». Mais on ne le fait point voir, et l'argument tout entier demeure hypothétique. En second lieu, on ne montre pas non plus d'une façon suffisamment claire comment la possibilité de Dieu ou de l'Être infini entraîne son existence.

[Note 239: LEIBNIZ, *N. Essais*, p. 375a, 7; *De la démonstr. cart...*, p. 177a; *Epist. ad Hermannum Conringium*, p. 78.]

Mais ce sont là deux lacunes que l'on peut combler en prenant la question d'un biais nouveau.

L'Infini «est une suite simple de l'être possible». Or il n'y a pas de raison pour que cette suite s'arrête à tel point plutôt qu'à tel autre. Il n'y a pas de raison non plus pour que le nombre des éléments qu'enferme «l'être possible», soit celui-ci plutôt que celui-là: il faut de toute rigueur ou qu'il soit illimité, ou qu'il se réduise à zéro; et cette dernière hypothèse est manifestement erronée, vu que nous savons par notre expérience qu'il y a du possible[240].

[Note 240: LEIBNIZ, *Monadol.*, p. 708a, 40-41; *De la démonstr. cart...*, p. 177.]

L'idée de l'Être infini n'implique donc aucune contradiction. Le premier point en litige se trouve démontré; et l'on peut aussi mettre le second dans une lumière plus vive, à l'aide d'une théorie plus profonde des possibles.

Les possibles ne sont pas choses inertes: ils enveloppent une tendance à l'existence actuelle, à peu près comme la matière enveloppe «une exigence à l'extension». Il se fait entre eux une sorte de combat éternel qui vient de leur effort vers le meilleur; ce sont des «prétendants» à la vie, dont chacun tâche de l'emporter dans la lutte. Et il faut bien qu'il en soit ainsi: car autrement rien n'aurait jamais existé. L'actuel ne s'explique, en définitive, que par le logique; et le logique, de son côté, n'explique l'actuel que s'il y va d'un élan interne.

La tendance des possibles à l'existence est d'autant plus grande qu'ils ont plus de *réalité*, de *perfection*, ou *d'intelligibilité*; car tous ces termes signifient une seule et même chose[241].

[Note 241: LEIBNIZ, *Théod.*, p. 566a, 201.]

En Dieu, cette tendance est souveraine en vertu même de son infinité. Et, par conséquent, il ne se peut point qu'elle n'aboutisse pas. Dieu existe donc par le fait qu'il est possible. Pour lui, l'existence et la possibilité ne font qu'un.

Et l'on peut dire, en toute vérité, que ce spinozisme mitigé[242] précise Descartes et Bossuet[243]. Mais, en même temps, il prépare Kant, en soulevant la question de la possibilité de l'Être infini; de plus, il annonce Hegel, qui, s'inspirant de la théorie leibnizienne des possibles, y verra la raison dernière des choses et fera de Dieu une hypothèse superflue.

[Note 242: SPINOZA, *Eth.*, I, Prop. 11, Ed. Charpentier, Paris.]

[Note 243: Bossuet, *Elév. sur les mystères*, I, p. 323, Ed. Charpentier, Paris.]

Avec l'idée de Dieu se trouve en notre âme une multitude indéfinie d'autres idées. Et là réside une autre preuve de son existence. Notre entendement est comme imprégné de divinité; elle y éclate de toutes parts. Outre la nécessité conditionnelle, qui vient de ce qu'un sujet donné exige essentiellement tel ou tel prédicat, nos idées ont une nécessité interne, qui est absolue. Chacune d'elles est *supposable* à l'indéfini, dans tous les temps et tous les pays: chacune d'elles enveloppe un fond d'éternité. «Où seraient ces idées, si aucun esprit n'existait...?» «Cela nous mène enfin au dernier fondement des vérités, savoir à cet esprit suprême et universel qui ne peut manquer d'exister, et dont l'entendement, à dire vrai, est la région des vérités éternelles, comme saint Augustin l'a reconnu et l'exprime d'une manière assez vive[244].» Et là encore Leibniz, comme d'ailleurs les autres philosophes de son temps, ouvre la voie à l'hégélianisme. A quoi bon recourir à «l'existence d'une substance nécessaire» pour fonder les idées, puisque leur nécessité est interne et que, de la sorte, elles se fondent elles-mêmes? Pourquoi les situer en Dieu, vu qu'étant éternelles de leur nature, elles se suffisent?

[Note 244: LEIBNIZ, *N. Essais*, p. 319b-380a, 13; *Monadol.*, p. 708b, 44; *Théod.*, p. 561b, 184.]

2° *Preuves cosmologiques.*—D'après Spinoza, tout est nécessaire en nous et en dehors de nous; la contingence, à ses yeux, n'est qu'une apparence: elle se réduit à l'ignorance où nous sommes des causes réelles.

Leibniz s'élève contre cette conception qu'il regarde comme entachée d'apriorisme. Il pense, comme on l'a vu plus haut à propos de la liberté, qu'il n'y a rien d'absolument nécessaire, ni dans la loi qui veut que l'action soit égale à la réaction, ni dans la loi de continuité, ni dans la loi de conservation de la même quantité de force vive. A son sens, le temps, l'espace et la matière, étant «uniformes et indifférents à tout», pouvaient recevoir d'autres mouvements et figures et dans un autre ordre. Outre le monde qui existe, il y a «une infinité d'autres mondes» qui sont possibles et qui sont également des candidats à l'existence, mais des candidats malheureux. Il faut donc qu'il y ait eu choix: il faut qu'il existe une intelligence souveraine qui soit venue donner la préférence à l'assemblage actuel des choses[245]. «Et comme tout est lié, il n'y a pas lieu d'en admettre plus d'une[246].» «Mais cet argument, qui ne paraît que d'une certitude morale, ajoute Leibniz, est poussé à une nécessité tout à fait métaphysique par la nouvelle espèce d'harmonie que j'ai introduite, qui est l'harmonie préétablie.» Car chacune des âmes, «exprimant à sa manière ce qui se passe au dehors et ne pouvant avoir aucune influence sur les autres êtres particuliers, ou plutôt, devant tirer cette expression du propre fonds de sa nature, il faut nécessairement que chacune ait reçu cette nature (ou cette raison interne des expressions de ce qui est au dehors) d'une cause universelle, dont ces Êtres dépendent tous, et qui fasse que l'un soit parfaitement d'accord et correspondant avec l'autre; ce qui ne se peut sans une connaissance et puissance infinies[247].» Et c'est cela surtout qui fait ressortir la grandeur des perfections divines.

[Note 245: LEIBNIZ, *Théod.*, p. 506a, 7.]

[Note 246: *Ibid.*]

[Note 247: LEIBNIZ, *N. Essais*, p. 376, 10.]

De la contingence de *l'ordre*, on peut induire la contingence du *mouvement* lui-même. Si la matière n'est pas déterminée de sa nature à tel mouvement plutôt qu'à tel autre, elle n'en a aucun qui soit inhérent à son essence; et, par conséquent, il faut qu'il existe un moteur qui l'ait mise en branle: le mouvement vient d'une autre cause que la matière. Or cette cause, il est inutile de la chercher dans le détail infini «d'autres contingents antérieurs»; car on ne fait par là que reculer la question. Il est donc de rigueur qu'il y ait «hors de la suite, ou séries de ce détail» une substance nécessaire où il «ne soit qu'éminemment, comme dans la source, et c'est ce que nous appelons Dieu». De plus, «cette substance étant une raison suffisante de tout ce détail, lequel aussi est lié partout, il *n'y a qu'un Dieu, et ce Dieu suffit*[248]».

> [Note 248: LEIBNIZ, *Monadol.*, p. 708a, 36-39; *Principes de la nature et de la grâce*, p. 716, 8.]

La contingence du *mouvement* entraîne à son tour la contingence de la *matière*. Si la matière, en effet, est essentiellement indifférente au mouvement, elle ne contient de soi aucune action qui la détermine; et, dès lors, elle n'est, avant de passer à l'existence effective, qu'une simple abstraction. Il faut qu'elle ait été créée; or toute création suppose comme cause une puissance infinie.

B) La création.—Les possibles ont une tendance à se réaliser par eux-mêmes; mais cette tendance ne leur suffit pas. Elle est limitée de sa nature; de plus, «comme tous les possibles ne sont point compatibles entre eux dans une même suite d'univers», ils s'arrêtent les uns les autres dans leur élan vers l'existence. Il faut que Dieu, qui en a l'éternelle et pleine intuition, vienne du dehors y faire un choix et donne la grâce efficace à la combinaison qu'il préfère[249]. Il semble donc bien que, d'après Leibniz, l'univers ne sorte pas tout entier du néant. La création lui apparaît au fond comme un épanouissement des possibles, comme «une fulguration» des idées divines à travers le temps et l'espace[250]: c'est «une émanation» des intelligibles, qui se fait en Dieu même sous le libre effort de sa volonté[251]. Et, si cela n'est pas du Spinoza, c'est au moins du Schelling. Leibniz, il est vrai, se garde de recourir à une formule aussi nette que celle de ces deux derniers philosophes. Il a mille manières de nuancer ses pensées, de les tourner, de les grandir et de les amoindrir. Mais on sent bien qu'il est sur la pente du monisme.

[Note 249: LEIBNIZ, *Théod.*, p. 562b, 189; p. 565b-566a, 201.]

[Note 250: LEIBNIZ, *Monadol.*, p. 708b, 47.]

> [Note 251: LEIBNIZ, *Remarques sur le sentiment du P. Malebranche*, p. 452b.]

Quoi qu'il en puisse être de ce point difficile, la création, pour Leibniz, ne cesse point avec la production même de l'être créé; elle dure autant que lui, et en vertu de son essentielle contingence. «La créature dépend continuellement de l'opération divine»; et cette «dépendance est aussi grande dans la suite, que dans le commencement». Elle porte que la créature «ne continuerait point d'exister, si Dieu ne continuait pas d'agir[252]». Mais Leibniz ne veut point que l'on entende la *création continuée* à la manière de Descartes: il lui semble étrange que l'être contingent n'existe jamais, qu'il soit toujours naissant et toujours mourant[253]. D'après lui, l'opinion cartésienne est contraire à la notion de la monade. La monade n'est pas une pure puissance; comme on l'a vu plus haut, elle enveloppe toujours quelque effort: ce qui en fait le fond, c'est la tendance à persévérer dans l'être, et par là même à prendre une durée continue. Or Dieu ne défait pas d'une main ce qu'il a fait de l'autre: il adapte toujours son action aux conditions naturelles de ses propres œuvres[254].

[Note 252: LEIBNIZ, *Théod.*, p. 615b, 385.]

[Note 253: *Ibid.*, p. 614b, 382; p. 615a, 384.]

[Note 254: *Ibid.*, p. 615a, 383.]

Si la conservation n'est qu'une création continuée, elle a nécessairement les mêmes effets qu'elle. Lorsque Dieu produit la chose, «il la produit comme un individu, et non pas comme un universel logique»; «il produit son essence avant ses accidents, sa nature avant ses opérations, suivant la priorité de leur nature»; mais tout cela se fait «dans le même moment[255]». Voilà donc aussi ce qui a lieu par la suite pendant toute la durée de chaque être: substance, facultés, accidents et actions, tout est toujours également envahi, dominé et comme soutenu au-dessus du néant par le concours de Dieu: Dieu nous fait à chaque instant tels que nous sommes et avec toutes nos déterminations.

[Note 255: *Ibid.*, p. 616b, 390; p. 616b, 388.]

Comme effrayé d'une solution si grosse de conséquences, et qui se trouve pourtant à l'état implicite dans saint Thomas d'Aquin, Leibniz s'empresse d'ajouter que, «si la créature ne concourt point avec Dieu pour se conserver», il ne voit «rien qui l'empêche de concourir avec Dieu pour la production de quelque autre chose, et particulièrement de son opération interne, comme serait une pensée, une volition, choses réellement distinctes de la substance[256]»; et son intention est de sauver au moins le libre arbitre, défendu par ailleurs avec tant de persévérance. Mais le principe sur lequel il se fonde est plus fort que sa bonne volonté; il renverse d'un coup toute sa théorie de la monade. Pour qui l'admet, «Dieu fait tout[257]», suivant l'expression de Bayle; et, si l'être est essentiellement action, comme l'a compris Leibniz lui-même, Dieu est tout. La théorie de la conservation ouvre une autre porte sur le spinozisme.

[Note 256: LEIBNIZ, *Théod.*, p. 617a, 391.]

[Note 257: *Ibid.*, p. 615b, 386.]

La création suppose un choix; et ce choix lui-même n'a pu se produire sans *motif*. «Dans la région des vérités éternelles se trouvent tous les possibles, et, par conséquent, tant le régulier que l'irrégulier; il faut une raison qui ait fait préférer l'ordre et le régulier[258].» Or cette raison ne peut être que l'attrait du *meilleur*. Car Dieu, étant souverainement parfait, est aussi souverainement bon. Et «d'avancer qu'il sait ce qui est meilleur, qu'il le peut faire, et qu'il ne le fait pas, c'est avouer qu'il ne tenait qu'à sa volonté de rendre le Monde meilleur qu'il n'est»; c'est dire qu'il manque de bonté[259].

[Note 258: *Ibid.*, p. 562b, 189.]

[Note 259: LEIBNIZ, *Théod.*, p. 563b, 194; p. 506, 8; p. 573b, 228.]

«La sagesse de Dieu, non contente d'embrasser tous les possibles, les pénètre, les compare, les pèse les uns contre les autres, pour en estimer les degrés de perfection ou d'imperfection, le fort et le faible, le bien et le mal: elle va même au-delà des combinaisons finies, elle en fait une infinité d'infinies, c'est-à-dire une infinité de suites possibles de l'Univers, dont chacune contient une infinité de Créatures; et par ce moyen la Sagesse divine distribue tous les possibles qu'elle avait déjà envisagés à part, en autant de systèmes universels, qu'elle compare encore entre eux: et le résultat de toutes ces comparaisons et réflexions, est le choix du meilleur d'entre tous ces systèmes possibles, que la sagesse fait pour satisfaire pleinement à la bonté; ce qui est justement, le plan de l'univers actuel[260].»

[Note 260: *Ibid.*, p. 573a, 225.]

Bien que motivé par l'idée du meilleur, le décret de créer demeure libre. «Dieu est porté à tout bien; le bien, et même le meilleur, l'incline à agir; mais il ne le nécessite pas: car son choix ne rend point impossible ce qui est distinct du meilleur; il ne fait point que ce que Dieu omet implique contradiction[261].» Et, d'autre part, il ne fait point non plus que Dieu cesse de se posséder lui-même par sa réflexion et de disposer à son gré de son énergie toute-puissante. Le Créateur, sous l'action du principe qui le porte à créer, est entièrement exempt et de toute nécessité externe et de toute nécessité interne.

[Note 261: *Ibid.*, p. 574, 230.]

Il est vrai que le problème de la liberté divine se complique d'une difficulté spéciale. Quand il s'agit de l'homme, on a simplement à se demander s'il n'y a pas un rapport nécessaire entre sa volonté et les motifs ou mobiles qui l'actionnent. Quand il est question de Dieu, il faut savoir en plus s'il n'y a pas un rapport nécessaire entre son action *ad extra* et son essence elle-même. Dieu est souverainement parfait; dès lors ne faut-il pas, et de rigueur logique, que toutes ses décisions et opérations le soient aussi? conçoit-on de quelque manière qu'un être qui est la bonté suprême, puisse choisir autre chose que le meilleur? Entre Dieu et la préférence du moins mauvais, n'y a-t-il pas la même connexion qu'entre une proposition mathématique et ses corollaires? Leibniz se pose la question[262]. Et sa réponse est celle-ci: «*métaphysiquement* parlant», Dieu «pouvait choisir ou faire ce qui ne fût point le meilleur; mais il ne le pouvait point *moralement* parlant[263]». Dieu n'est pas une force brute qui se déploie en un nombre infini d'attributs infinis, comme l'a imaginé Spinoza; c'est un être personnel. Or la perfection de l'être personnel ne consiste pas à subir mécaniquement l'action du meilleur. Elle a quelque chose de plus spontané et, par là même, de plus noble: c'est le libre et indéfectible amour du bien.

[Note 262: LEIBNIZ, *Théod.*, p. 556b, 171; p. 575a, 234.]

[Note 263: *Ibid.*, p. 574b, 230; p. 575, 234 et 235.]

C) L'origine du mal.—Si Dieu crée librement, et sous l'action de l'idée du meilleur, comment se fait-il que le désordre, et sous toutes ses formes, occupe une si grande place dans le monde? Quel moyen de concilier l'optimisme qui se fonde sur l'idée de la perfection infinie de Dieu avec le pessimisme que nous inspire, comme malgré nous, le spectacle de l'inachèvement des choses? *Si Deus est, unde malum*[264]?

[Note 264: *Ibid.*, p. 509b, 20.]

Leibniz sent vivement la difficulté de cet effroyable problème, qui devait tant tourmenter notre siècle; et il l'envisage sous tous ses aspects, avec l'espérance de lui trouver une solution qui sorte de sa philosophie. Il s'efforce, en premier lieu, de *réduire à sa juste mesure le sentiment que nous avons du mal* inhérent aux choses; puis, il en essaie une explication qui dérive à la fois de sa théorie de la matière et de sa théorie des possibles.

La vie n'est pas parfaite, sans doute: «il y règne une certaine médiocrité». Cependant il y a «incomparablement plus de bien que de mal» dans le monde; on y trouve en somme plus de plaisirs que de douleurs, plus de vertus que de vices. Les maisons sont infiniment plus nombreuses que les hôpitaux, et les foyers honnêtes que les prisons[265]. Nous exagérons «des défauts du monde entier, ces taches d'un soleil, dont le nôtre n'est qu'un rayon[266]». Et cette exagération tient à deux causes principales, qui ne viennent que de nous, et dont l'une est *d'ordre moral* l'autre d'ordre *intellectuel.*

[Note 265: LEIBNIZ, *Théod.*, p. 548b, 148.]

[Note 266: *Ibid.*, p. 548b, 149; p. 582-583, 262-263.]

Nombre d'hommes ne remarquent que les infortunes, les injustices et les souffrances dont ils sont victimes ou témoins. Le désordre est la seule chose à laquelle ils fassent attention. Ils voient l'univers entier à travers le voile assombrissant de leur mélancolie et se figurent qu'il est mauvais, parce qu'ils sont tristes. Il faudrait cependant s'exercer à regarder la vie sous un jour plus vrai; et l'on s'apercevrait alors que, si les roses ont des épines, les épines ont des roses[267].

[Note 267: *Ibid.*, p. 548b, 148; p. 549a, 151.]

De plus, si nous devenons pessimistes, c'est parce que nous ne nous faisons pas de l'univers une *idée suffisamment compréhensive.*

D'abord, nous jugeons du *tout* qu'il compose par *l'infime partie* que nous en connaissons. Attachés à cette terre, qui est sans doute l'une des portions les moins belles de l'œuvre divine, et ne la connaissant elle-même que d'une manière très imparfaite, nous prétendons interpréter la nature entière d'après ce que nous y remarquons. C'est là une erreur manifeste, analogue à celle que commettrait un voyageur en jugeant du plan d'un édifice pour avoir aperçu de biais l'une de ses dépendances[268]. «Si nous connaissions la cité de Dieu telle qu'elle est, nous verrions que c'est le plus parfait état qui puisse être inventé; que la vertu et le bonheur y régnent, autant qu'il se peut, suivant les loix du meilleur; que le péché et le malheur (que des raisons d'ordre suprême ne permettaient point d'exclure de la nature des choses) ne sont presque rien en comparaison du bien, et servent même à de plus grands biens. Or, puisque ces maux devaient exister, il fallait bien qu'il y eût quelques-uns qui y fussent sujets; et nous sommes ces quelques-uns. Si c'étaient d'autres, n'y aurait-il pas la même apparence du mal? ou plutôt, ces autres ne seraient-ils pas ce qu'on appelle Nous[269]?»

[Note 268: LEIBNIZ, *Théod.*, p. 603a, 341; p. 570, 214; p. 543-544a, 134; p. 547, 146; p. 563, 194.]

[Note 269: *Ibid.*, p. 539a, 123.]

En second lieu, nous regardons l'univers du point de vue de *notre sensibilité:* nous voulons que le but suprême de la création soit le bonheur des créatures raisonnables[270]. Et c'est là une autre illusion, que l'amour-propre nous inspire à notre insu. Dieu s'est proposé de faire le meilleur des mondes. Or le meilleur des mondes n'est pas précisément celui qui procure la plus grande somme de bonheur; c'est le plus beau, et par conséquent celui qui comprend le maximum de la variété dans le maximum de l'unité. Mais il ne peut y avoir maximum de variété que si, de Dieu lui-même jusqu'au grain de sable, il se fait une série infinie de dégradations insensibles de la réalité; et cela suppose une série parallèle d'imperfections croissantes. Il ne peut y avoir maximum d'unité que si les êtres qui composent l'univers sont liés entre eux d'après des lois constantes. Or ces liaisons n'existeraient point, «s'il n'y avait que des esprits»: elles supposent la matière; et voilà précisément la source directe de toutes les ignorances, de toutes les fautes et de toutes les infortunes[271].

[Note 270: *Ibid.*, p. 537a, 120; p. 582, 263.]

[Note 271: LEIBNIZ, *Théod.*, p. 537a, 120; p. 539, 124.]

Il faut ajouter que la *liberté*, bien qu'entravée et comme alourdie par la résistance de la matière, demeure cependant capable d'un progrès continu, dont les hommes ne tirent presque aucun souci. Et là se trouve une source inépuisable de malheurs: l'abus de notre franc arbitre fait que le désordre va sans cesse croissant et en nous et autour de nous. Il serait donc plus sage de travailler sérieusement à réformer notre conduite, à secouer de plus en plus le joug de nos passions, que de reprocher à la Providence des maux qui viennent surtout de notre méchanceté[272].

[Note 272: *Ibid.*, p. 583, 264-265.]

Que l'homme corrige son humeur chagrine, qu'il cesse de se regarder comme le centre de l'univers et s'exerce en même temps à réduire la fougue de ses penchants; qu'il introduise en son âme le règne de l'harmonie; et il aura fait un grand pas vers l'intelligence de l'harmonie fondamentale des choses.

Toutefois, le problème ne peut se résoudre entièrement à l'aide de considérations psychologiques ou morales; il lui faut une *solution d'ordre métaphysique*. Si peu considérable que soit le *mal objectif*, il est; et il exige une explication.

Platon attribuait la cause du mal à la matière, qu'il croyait incréée et indépendante de Dieu; et ce sentiment contient une part de vérité[273]. «Aussitôt qu'il y a un mélange de pensées confuses, voilà les sens, voilà la matière[274].» Or les pensées confuses sont précisément la cause de l'ignorance et de l'erreur; le principe de nos passions. Et ce sont ces choses qui, à leur tour, produisent tous les autres désordres, tant physiques que moraux.

[Note 273: *Ibid.*, p. 510a, 20.]

[Note 274: *Ibid.*, p. 540a, 124.]

Mais on ne peut s'en tenir à la matière telle qu'elle existe dans la nature: on ne peut s'arrêter à la *matière réelle*.Car le mal, ne venant point de la volonté divine, il lui faut une source éternelle: et la matière réelle ne l'est pas[275]. Reste donc que la cause première du mal soit contenue dans la *nature idéale* de la matière, «autant que cette nature est renfermée dans, les vérités éternelles» que comprend l'entendement divin[276]. «L'imperfection originale» de la créature vient de la région des possibles; et, par conséquent, elle est éternelle et nécessaire, au même titre que les nombres, les figures et toutes les autres essences[277]. Ainsi Dieu n'y peut rien. Il faut ou qu'il ne crée pas, ou que, s'il crée, il lui ouvre la porte; le mal «est enveloppé dans le meilleur plan» que la sagesse suprême puisse choisir[278]: il y tient comme la conséquence à son principe. Dieu trouve donc dans l'objet intérieur de son entendement, sinon dans son entendement lui-même, une limite essentielle à sa volonté. Et cette antinomie dont la raison s'étonne, c'est la raison qui l'exige. La logique est plus forte que Dieu: ce que Descartes déclarait illogique.

[Note 275: LEIBNIZ, *Théod.*, p. 614b, 380.]

[Note 276: *Ibid.*, p. 510a, 20.]

[Note 277: *Ibid.*, p. 601b, 335.]

[Note 278: *Ibid.*]

Il se pourrait d'ailleurs «que l'univers allât toujours de mieux en mieux, si telle était la nature des choses, qu'il ne fût point permis d'atteindre au meilleur d'un seul coup[279]». Et, dans ce cas, rien n'empêcherait le genre humain de s'élever par la suite à une plus grande perfection que celle que nous imaginons présentement. «Mais la place que Dieu a assignée à l'homme dans l'espace et dans le temps borne les perfections qu'il a pu recevoir[280].» Il est même permis d'affirmer que toute créature, quelle qu'elle soit, trouvera toujours une dernière limite à son effort vers le meilleur: le progrès ne saurait être indéfini, et le mal ne disparaîtra jamais complètement du monde. S'il n'y avait plus de mal, c'est qu'il n'y aurait plus de matière. Mais alors tout serait devenu Dieu; et il n'y aurait plus de monde.

[Note 279: *Ibid.*, p. 566b, 202.]

[Note 280: LEIBNIZ, *Théod.*, p. 603a, 341.]

V.—LE BIEN

On peut relever trois idées principales dans la théorie morale qui se dégage des écrits de Leibniz: sa notion du *bonheur*, sa notion de *la valeur des choses*, et celle qu'il s'est faite des *mobiles de nos actions*.

A) Le bonheur.—«Tout le but de l'homme est d'être heureux, dit Bossuet dans la première de ses *méditations sur les Evangiles*.» C'est aussi la pensée que Leibniz exprime à plusieurs reprises et sous différentes formes. A ses yeux, la soif du bonheur est le levier unique de notre activité. Nous n'avons aucun dessein, aucune crainte, aucune espérance, nous ne produisons aucun effort qui n'ait là son ressort caché et toujours tendu. «Nous faisons tout pour notre bien; et il est impossible que nous ayons d'autres sentiments, quoi que nous puissions dire[281].» Ce n'est pas que l'on soit incapable d'aimer autre chose que soi-même. L'amour désintéressé, «celui où l'on ne cherche pas son propre profit», demeure possible[282]. Mais il ne vient jamais entièrement de la tête; il y entre toujours quelque joie plus ou moins aperçue qui lui donne toute sa force: «L'amour est cet acte ou état actif de l'âme qui nous fait trouver notre plaisir dans la félicité ou satisfaction d'autrui[283].»

[Note 281: LEIBNIZ, *Sentiment de M. Leibniz sur le livre de M. l'Archevêque de Cambrai et sur l'amour de Dieu désintéressé*, p. 789b et 790a.]

[Note 282: LEIBNIZ, *Sentiment de...*, p. 789b; *N. Essais*, p. 246b, 15.]

[Note 283: LEIBNIZ, *Sentiment de...*, p. 789{b}; *N. Essais*, p. 246b, 15.]

Le bonheur: voilà le cri de la nature. Or la nature ne peut nous tromper de tous points; car sa corruption n'est pas radicale, comme l'ont prétendu certains protestants de la première heure; elle conserve un fond de droiture. Et, par conséquent, l'instinct de félicité que nous y trouvons doit contenir de quelque manière l'indication de notre fin suprême, de la fin qui se suffit. La morale tout entière ne peut être que notre penchant fondamental, purifié à la lumière de la réflexion, «exprimé par l'entendement», et élevé à «l'état de précepte ou vérité de pratique[284]».

[Note 284: LEIBNIZ, *N. Essais*, p. 213b; p. 214a, 3.]

Qu'est-ce donc que le bonheur? «C'est un contentement durable», dont on sait qu'il est tel. Et ce contentement n'est pas simple de sa nature; il enveloppe une multitude de composantes plus ou moins confusément perçues: c'est une *synthèse de plaisirs*. Un plaisir isolé ne fait pas plus le bonheur «qu'une hirondelle ne fait le printemps», pour employer une comparaison d'Aristote; il y faut un concours de la nature entière: le bonheur est comme l'écho que produit en notre sensibilité l'harmonieux exercice des fonctions de la vie[285].

[Note 285: LEIBNIZ, *Von der Glückseligkeit*, p. 671a; *N. Essais*, p. 261a, 41.]

Par le fait même que le bonheur est harmonie, il exige une certaine coordination des éléments qu'il contient. Les plaisirs des sens acquièrent presque toujours une intensité excessive qui les transforme en souffrance ou du moins en dégoût; de plus, et par là même, ils nous engouffrent dans leur objet et nous empêchent de voir aux conséquences qu'ils peuvent entraîner: ce sont comme des vases de tristesse enveloppés de joie. Au contraire, les plaisirs de l'esprit sont purs, parce qu'ils sont calmes; et ils s'accompagnent toujours de prévoyance. Il faut donc choisir ses jouissances et les échelonner en quelque sorte, pour arriver à la félicité[286]. Considéré de plus près, le bonheur devient une *hiérarchie* de plaisirs.

[Note 286: LEIBNIZ, *N. Essais*, p. 261b, 41; p. 264b, 58; *Von der Glückseligkeit*, p. 671a.]

Et cette hiérarchie, ce n'est pas la sensibilité qui la peut établir. «Notre penchant va non pas à la félicité proprement, mais à la joie, c'est-à-dire au présent[287].» «Les appétitions sont comme la tendance de la pierre, qui va le plus droit, mais non pas toujours le meilleur chemin vers le centre de la terre, ne pouvant pas prévoir qu'elle rencontrera des rochers où elle se brisera, au lieu qu'elle se serait approchée davantage de son but, si elle avait eu l'esprit et le moyen de s'en détourner[288].» Ou, si l'on veut une autre comparaison, les appétitions sont «semblables à un héritier prodigue, qui, pour la possession présente de peu de chose, renoncerait à un grand héritage qui ne lui pourrait manquer[289]». C'est à l'entendement de subvenir à l'insuffisance de la sensibilité. Lui seul a des idées distinctes, lui seul pénètre le fond des choses et en déduit les conséquences: lui seul sait faire des calculs qui ne trompent pas[290]. Le bonheur est une *hiérarchie rationnelle de plaisirs*.

[Note 287: LEIBNIZ, *N. Essais*, p. 214a, 3.]

[Note 288: *Ibid.*, p. 259a, 36.]

[Note 289: *Ibid.*, p. 265a, 62.]

[Note 290: *Ibid.*, p. 259a. 36; *Von der Glückseligkeit*, p. 672a.]

De plus, cette hiérarchie rationnelle n'est pas *statique*, comme on l'a cru si longtemps; elle est *en progrès continu*.

Dieu jouit, il est vrai, d'une béatitude qui ne souffre aucun changement; car il est la pensée adéquate de l'être: il a par essence toute la joie possible, vu qu'il a par essence toute la connaissance possible.

Mais il en va différemment de l'homme. L'homme s'élève sans cesse de la perception confuse à la perception distincte, et par là même d'un bonheur moindre à un plus grand bonheur. Sa félicité, à lui, ne peut être que le contentement qu'il trouve à la poursuivre toujours sans en avoir jamais la plénitude: c'est «pour ainsi dire un chemin par des plaisirs[291]». Et le ressort interne qui le pousse en avant, qui lui fait continuer sans relâche sa marche ascensionnelle vers la joie d'une lumière plus vive et plus pure, n'est autre chose qu'une sorte *d'inquiétude constante* (uneasiness), qui lui vient à la fois de son esprit et de son affectivité. Il lui reste toujours quelque chose à connaître ou du moins à mieux connaître. De plus, il éprouve à chaque instant une multitude «d'éléments ou rudiments de douleurs», «qui ne vont pas jusqu'à l'incommoder», mais qui «ne laissent pas d'être suffisants pour servir d'aiguillon et pour exciter la volonté[292]». De là un amas de «petits succès continuels», qui le mettent de plus en plus à son aise, soit «en tendant au bien», soit «en diminuant le sentiment de la douleur[293]». Et l'on peut raisonner de même à l'égard des esprits qui nous sont supérieurs, c'est-à-dire des anges et des archanges. Le besoin «est essentiel à la félicité des créatures, laquelle ne consiste jamais dans une parfaite possession, qui les rendrait insensibles et comme stupides, mais dans un progrès continuel et non interrompu à de plus grands biens[294]»: les créatures ne peuvent connaître que la forme inquiète du bonheur.

[Note 291: LEIBNIZ, *N. Essais*, p. 261a, 41.]

[Note 292: *Ibid.*, p. 247a, 6; p. 258b-259a, 36.]

[Note 293: *Ibid.*, p. 258b, 36.]

[Note 294: *Ibid.*, p. 259b, 36.]

Le bonheur se compose de plaisirs; et le plaisir, pris en lui-même, ne saurait se définir; car il est chose essentiellement simple. Mais on en peut fournir une *définition causale*. Le plaisir est «de sentiment d'une perfection», comme la douleur est le sentiment d'une imperfection. L'homme veut vivre et d'une vie toujours plus pleine et plus harmonieuse: c'est le fond de son être, aussi bien que celui de toutes les autres créatures. Et, par conséquent, il se réjouit naturellement de tout ce qui tend à développer sa nature, et s'attriste naturellement de tout ce qui tend à l'amoindrir[295]. Sur ce point, comme sur beaucoup d'autres, que l'on a signalés au passage, Leibniz s'inspire de Spinoza et ne fait guère que donner à sa théorie métaphysique du plaisir une forme plus humaine.

[Note 295: LEIBNIZ, *N. Essais*, p. 246b, 1; p. 261b, 42; *Von der Glückseligkeit*, p. 671a.]

B) La valeur des choses.—Si le bonheur est notre fin suprême, c'est aussi par le bonheur que tout le reste vaut et rien que par là: les êtres n'ont de bonté morale que dans la mesure où ils sont source de félicité. Et cette conséquence, Leibniz l'admet.

«On divise, dit-il, le bien en honnête, agréable et utile; mais dans le fond, il faut qu'il soit agréable lui-même, ou servant à quelque autre chose qui nous puisse donner un sentiment agréable, c'est-à-dire le bien est agréable ou utile, et l'honnête lui-même consiste dans un plaisir de l'esprit[296].» «Le bien, ajoute-t-il un peu plus loin, est ce qui sert ou contribue au plaisir, comme le mal ce qui contribue à la douleur[297].» Et il veut parler en cet endroit, non du plaisir brut, mais du plaisir en tant qu'il est réglé de manière à faire partie du bonheur.

[Note 296: LEIBNIZ, *N. Essais*, p. 246b, 1.]

[Note 297: *Ibid.*, p. 261b, 42.]

Or, ce qui contribue le plus à l'œuvre du bonheur, ce sont les *idées distinctes*, soit parce qu'elles nous causent directement les joies les plus durables et les plus pures, soit parce qu'elles nous servent à instituer la véritable arithmétique des plaisirs, soit enfin parce qu'elles sont les motifs qui nous poussent le plus puissamment à mettre cette arithmétique en exercice[298].

[Note 298: LEIBNIZ, *De vita beata*, p. 71.]

Les idées distinctes, à leur tour, ont deux sources, dont l'une est subjective, et l'autre objective. Un être acquiert d'autant plus d'idées distinctes qu'il a plus de force *d'intelligence*; il en acquiert aussi d'autant plus que les choses vers lesquelles il se tourne ont un degré plus haut *d'intelligibilité*.

Mais un être possède d'autant plus et d'intelligence et d'intelligibilité qu'il enveloppe moins de matière, et qu'il est par là même plus actif; car ce sont là deux choses qui croissent en raison inverse l'une de l'autre. Et, partant, ce qui fait en définitive la bonté morale d'un être, c'est son degré *d'activité*. Leibniz reste d'accord avec lui-même, en éthique comme en métaphysique: c'est du principe fondamental de sa philosophie qu'il déduit sa notion du bien.

De cette notion du bien dérive toute une hiérarchie de perfections morales.

D'après Malebranche, les êtres n'ont pas seulement des rapports de grandeur; ils ont aussi des rapports de qualité. Une plante vaut plus qu'un silex, un animal plus qu'une plante, l'homme plus qu'un animal, et Dieu infiniment plus que tout le reste, vu qu'il est la cause universelle et suprême de la création entière. Leibniz admet une telle gradation; et, de plus, il ne se contente pas d'en affirmer l'existence: il l'explique ou du moins s'efforce de l'expliquer par sa théorie de l'activité.

Nous avons donc, à son sens, une règle de notre estime et de notre conduite, qui n'enveloppe rien de conventionnel, que l'opinion des hommes n'a point faite, comme le voulait Locke; qui ne vient pas non plus de la liberté divine, comme le voulait Descartes: mais qui se fonde sur la nature même des choses, qu'il faut tenir pour éternelle et nécessaire, au même titre que les vérités géométriques[299]. Et cette règle est faite de proportion et d'harmonie, comme les mathématiques, la musique et l'architecture: la bonté morale des choses est eurythmie; son vrai nom est celui de la beauté[300].

[Note 299: LEIBNIZ, *N. Essais*, p. 286-287.]

[Note 300: LEIBNIZ, *Von der Glückseligkeit*, p. 671b; *Réflexions sur l'art de connaître les hommes*, p. 135, Ed. Foucher de Careil, Ladrange, Paris, 1854.]

C) Les mobiles de nos actions.—Sur ce point, Leibniz n'a rien de l'excessive austérité de Kant; c'est le plus humain des moralistes.

On peut *agir par plaisir* jusqu'à concurrence du devoir. Rien de plus naturel. Le plaisir, étant le sentiment d'une perfection, enveloppe toujours quelque bonté; l'abus seul en est blâmable.

On peut dans la même mesure *agir par passion*. Les passions trouvent place dans une vie bien ordonnée et peuvent même servir à la vertu. L'amour de soi a sa raison d'être[301]; il suffit de savoir en user. L'ambition aussi est légitime de sa nature et peut avoir de bons effets. Socrate n'eût pas montré tant de noblesse d'âme, s'il n'avait aimé la gloire. Et «n'était-ce pas déjà une grande force d'esprit» que de s'assujettir à cette belle passion «que je souhaiterais, écrit Leibniz, à tous les hommes? Je dis davantage, quand on aura appris à faire des actions louables par ambition, on les fera après par inclination[302]». Pourquoi, d'ailleurs, ne pas s'exercer à «surmonter une passion par une autre passion»? quel motif de négliger «de si grands aides[303]»?

[Note 301: *Ibid.*, p. 138.]

[Note 302: *Ibid.*, p. 136.]

[Note 303: *Ibid.*, p. 137.]

Il n'est pas défendu non plus de *poursuivre son intérêt*, pourvu que l'honnêteté n'en souffre pas. On n'est blâmable «que lorsqu'on préfère l'utile prétendu à l'honnête et aux plaisirs plus purs de l'esprit». Il est même très moral de songer pratiquement à nos intérêts d'ordre supérieur. L'espérance du ciel et la crainte de l'enfer sont des mobiles très puissants de la vertu[304].

[Note 304: LEIBNIZ, *Réflexions sur l'art de...*, p. 142-143.]

Toutefois, ce qui fait le mobile par excellence de la moralité, c'est le *plaisir qu'on trouve dans les bonnes actions*. L'homme, il est vrai, ne peut se détacher complètement de lui-même; ôter toute émotion à son amour, c'est le détruire[305]. Mais il demeure capable de se complaire dans le bien rationnel; et cette complaisance, qui prend son objet pour fin: voilà ce qui constitue l'honnêteté proprement dite[306].

[Note 305: LEIBNIZ, *De notionibus juris et justitiæ*, daté de 1693, p. 118, Ed. Erdmann;—*Epist. ad Hanschium*, datée de juillet 1707, p. 446{b}, VI;—*Lettre à M. l'abbé Nicaise*, datée de 1698, p. 791b-792a;—*N. Essais*, p. 246b-247a, 5.]

[Note 306: LEIBNIZ, *N. Essais*, p. 246b, 1.]

Ce «plaisir de l'esprit se fortifie lui-même et de plus en plus, lorsqu'on s'élève jusqu'à l'amour de Dieu: c'est une vérité dont on peut fournir deux raisons principales. D'abord, Dieu est l'exemplaire éternel et vivant de la sainteté; la beauté morale atteint en lui sa plénitude[307]. Et de là un amour du bien qui va toujours croissant chez ceux qui prennent la peine de méditer sur ses perfections infinies. De plus, Dieu veut l'ordre dont il porte l'idéal en sa nature[308]; il se doit à lui-même de le vouloir: il le veut essentiellement. Or le propre de l'amour est de faire que celui qui aime se complaise en la volonté de l'objet aimé[309].

[Note 307: LEIBNIZ, *Epist. ad Hanschium*, p. 446b, VI; *Réflexions sur l'art de connaître...*, p. 142-143.]

[Note 308: LEIBNIZ, *N. Essais*, p. 216b-217a, 12; p. 264b, 55, Ed. Erdmann.]

[Note 309: LEIBNIZ, *Lettre à M. l'abbé Nicaise*, p. 791b-792a.]

Et une théorie à la fois si juste et si compréhensive révèle un bon sens d'ordre supérieur. Leibniz a raison, en particulier, de distinguer au-dessous de la zone du *devoir* la zone de ce qui est simplement *permis*: l'obligation morale n'englobe pas tout. Mais il semble que sa hiérarchie des mobiles de nos actions ne s'élève pas assez haut. Non seulement l'homme est capable de se complaire dans la vertu, d'éprouver le plaisir de l'ordre, mais encore il peut accomplir le bien par le fait même qu'il le comprend; et il arrive même qu'il le doit. L'impératif catégorique s'adresse directement à la volonté pure et s'impose de soi, que la sensibilité y trouve son compte ou non. En cette matière, encore une fois, Kant parfait Leibniz; personne n'a montré, comme lui, ce qu'il y a de rationnel et d'absolu dans les préceptes de la loi morale.

Harmonie, proportion, beauté: ce sont là des termes qui reviennent sans cesse sous la plume de Leibniz, principalement lorsqu'il s'agit de l'idée du bien: il pense et parle comme un Grec. Il est profondément convaincu que tous les systèmes de morale, depuis l'hédonisme jusqu'au rationalisme le plus raffiné, se concilient dans sa doctrine à lui: il déclare que «le bonheur, le plaisir, l'amour, la perfection, l'être, la force, la liberté», si longtemps opposés l'un à l'autre, se donnent en quelque sorte le baiser de paix dans son système[310]. Mais il ne croit point que cet accord complet se fasse dès cette vie. Si sa pensée lui suffit, c'est qu'elle enveloppe, avec le temps, l'éternité elle-même. Les choses sont bien, les choses sont parfaites, parce qu'il y a une autre existence où l'ordre pourra trouver son achèvement.

[Note 310: LEIBNIZ, *Von der Glückseligkeit*, p. 672a.]

Il existe une Justice immanente: le bien appelle naturellement le bien, et le mal, le mal. «L'intempérance, par exemple, est punie par des maladies», et l'avarice par les privations qu'elle impose aux avares[311]. Mais cette Justice des choses est lente: on peut y échapper la vie tout entière; et il serait impossible de démontrer l'harmonie de l'honnête et de l'utile, s'il n'y avait rien au-delà du tombeau. Si le monde est le meilleur possible (et il l'est puisqu'il a pour auteur l'Être parfait), il faut qu'il existe une autre région où tout crime trouve son châtiment et toute bonne action sa récompense: la vie future est une *exigence de la loi morale*[312]. De plus, comme Dieu est «le centre de toutes les perfections», et que nous en portons naturellement l'idée au fond de nous-mêmes, notre cœur ne peut être satisfait que si nous en faisons pour ainsi dire une conquête progressive et indéfinie: la vie future est une *exigence de l'amour*, tel qu'il se manifeste en nous[313].

[Note 311: LEIBNIZ, *N. Essais*, p. 216b, 217b, 12; *Monadol.*, p. 712b, 89-90.]

[Note 312: LEIBNIZ, *N. Essais*, p. 216b-217a, 12; p. 264b, 55; p. 268, 70.]

[Note 313: LEIBNIZ, *Epist. ad Hanschium*, p. 446b, VI.]

L'âme humaine, *physiquement* immortelle en vertu de sa simplicité, comme l'âme des animaux, l'est aussi *moralement*. Du moment qu'elle «devient raisonnable et capable par là même de conscience et de commerce avec Dieu, elle ne perd plus son droit de cité dans la république divine[314]». Et c'est grâce à cette continuité d'existence que l'ordre s'achève, que la finalité du monde moral s'accomplit.

[Note 314: LEIBNIZ, *Epist. ad Wagnerum...*, p. 467a, V; *Syst. nouv. de la nature*, p. 125b, 126a, 6-9.]

CONCLUSION

La philosophie de Leibniz s'est développée sous l'influence d'une foule de systèmes. Aristote, avec ses *entéléchies,* lui a inspiré, sinon fourni, son point de départ. Descartes, Spinoza, Malebranche, Bayle, Clarke, Newton, et nombre d'autres penseurs de moindre lignée, ont contribué à sa formation, soit en abondant dans le même sens, soit en l'obligeant par voie de contradiction à se préciser davantage. Et cependant, à partir du jour où Leibniz a découvert l'idée de la monade, sa doctrine n'a plus changé de caractère: elle a grandi comme un organisme souple et puissant, qui va se transformant toujours sans jamais perdre son identité. Elle ressemble «au meilleur des mondes»: il est difficile d'imaginer une œuvre qui soit à la fois plus variée et plus une; elle «est toute d'une pièce comme un océan[315]», et elle en a l'apparente mobilité. Ce n'est pas, évidemment, que tout s'y rattache d'une manière absolument légitime; chaque philosophe, si grand qu'il soit, est prédéterminé à pécher contre la logique. Mais l'auteur a un point de vue central dont il ne sort jamais et d'après lequel il interprète tout le reste.

[Note 315: LEIBNIZ, *Théod.,* p. 506b, 9.]

De cette philosophie, d'ailleurs particulièrement féconde en détails finement observés et de tout ordre, se dégage un certain nombre de traits principaux qu'il est bon de signaler.

Ce qui frappe de plus en plus au fur et à mesure qu'on étudie la théorie de Leibniz, c'est l'*esprit* qui la pénètre et la dirige. Il est bien plus préoccupé de «bâtir» que de «détruire». «Je souhaiterais, dit-il, qu'on ressemblât plutôt aux Romains qui faisaient de beaux ouvrages publics, qu'à ce roi vandale à qui sa mère recommanda que ne pouvant pas espérer la gloire d'égaler ces grands bâtiments, il en cherchât à les détruire[316].» Il s'indigne contre ceux «qui, par ambition, le plus souvent, prétendent innover[317]»; il ne goûte que les chercheurs qui s'aident du passé et du présent en faveur de l'avenir.

[Note 316: LEIBNIZ, *N. Essais,* p. 219a, 21.]

[Note 317: *Ibid.*]

De plus, sa *méthode* est en harmonie avec l'esprit qui le domine; il lit avec une égale curiosité et les anciens et les modernes, et les théologiens et les philosophes, et ceux qui pensent comme lui et ceux qui le contredisent. Il approfondit les principes, à la manière d'un amateur d'abstractions, et se complaît dans les *particularités,* comme un savant. Et, s'il procède ainsi, ce n'est ni pour faire le procès de la raison humaine, à l'exemple de Bayle ou de Montaigne, ni pour construire une mosaïque d'idées disparates: son but est à la fois plus élevé et plus sain: il cherche une *idée supérieure* où se concilient les divergences des théories apparues au cours de l'histoire.

Il faut remarquer aussi le *point de vue* auquel se place constamment Leibniz pour interpréter la nature: c'est celui de l'*intériorité*. La substance, à son sens, est un sujet, non une chose. C'est du dedans qu'il considère tout le reste, et il pense avec raison que, tout le premier, il a vraiment mis en relief le *côté interne* des choses.

Enfin, la philosophie de Leibniz comprend un certain nombre de grandes vues qui ont imprimé à l'esprit humain un élan nouveau, et dont les principales sont les suivantes:

a) L'idée de *substance-effort*, conçue comme un intermédiaire entre la simple puissance et l'action;

b) L'idée de l'*universelle spiritualité* des choses;

c) L'idée de l'*existence purement phénoménale* de la matière, de l'espace et du temps;

d) La théorie des *perceptions imperceptibles*, inspirée de Spinoza, mais totalement transformée;

e) Le concept de la *contingence* et celui de la *nécessité morale*, qui se complètent l'un l'autre;

f) L'idée des *possibles*, compris comme enveloppant une tendance essentielle à se réaliser eux-mêmes;

g) Son *finalisme*, qui est comme le dernier terme auquel aboutissent le mécanisme et le dynamisme;

h) Son *optimisme*, d'après lequel le mal est la condition *sine qua non* du meilleur des plans de l'univers.

Toutes ces idées ont influé sur le développement ultérieur de la philosophie; et quelques-unes d'entre elles ont exercé une action particulièrement profonde.

En faisant de la Monade un principe qui tire de ses virtualités la représentation de l'univers et de Dieu, et de la création elle-même un épanouissement des intelligibles plutôt qu'une production *a nihilo*; en attribuant au concours du Créateur tout ce qu'il y a d'actif et par là même de réel dans la créature, Leibniz a ouvert la porte aux théories monistes qui devaient apparaître plus tard en Allemagne et se propager dans le monde entier. De plus, sa théorie des possibles a été un premier pas vers le monisme hégélien, d'après lequel l'intelligible est le fond des choses et suffit par lui-même à se réaliser. Et c'est là une conception nouvelle dont la philosophie traditionnelle sortira sans nul doute, mais dont elle ne semble pas encore sortie. Son premier devoir est de s'en rendre compte, si elle tient à faire quelque impression sur ses adversaires[318]: «Vetera novis augere et perficere.»

[Note 318: Voir sur ce point: J. Lachelier, *Du Fondement de l'induction*, p. 62-63, 87, Alcan, Paris, 1898; M. Couailhac, *la Liberté et la Conservation de l'énergie*, p. 252-300, Lecoffre, Paris, 1897.]

MONADOLOGIE

* * * * *

I.—NOTICE

C'est en 1714 que Leibniz composa la *Monadologie*. Il l'écrivit en français, pendant son dernier séjour à Vienne, pour le prince Eugène de Savoie. Ce prince mit le manuscrit dans une cassette et l'y conserva comme un trésor d'un prix inestimable. «Il garde votre ouvrage, écrivait à Leibniz M. de Bonneval, ami intime du prince, comme les prêtres de Naples gardent le sang de saint Janvier. Il me le fait baiser, puis il le renferme dans sa cassette[319].»

[Note 319: *Guhrauer*, t. II, p. 286.]

Le texte français de la *Monadologie* fut publié pour la première fois en 1840, dans l'édition de J. Ed. Erdmann. Kœlher en avait déjà fait une traduction allemande; et Hansche, de Leipzig, une traduction latine, qui parut en 1721 dans les *Acta eruditorum*, sous ce titre: *Principia philosophiæ seu theses in gratiam principis Eugenii conscriptæ*.

Comme l'indique ce titre, la *Monadologie* est un résumé de la philosophie de Leibniz. Mais ce résumé, il est difficile de le bien entendre, si l'on ne connaît pas déjà la doctrine dont il formule les idées principales. Et c'est la raison pour laquelle on a cru devoir commencer par un exposé général de la pensée de l'auteur.

Bien que divisée en propositions numérotées, la *Monadologie* a un plan assez net, qui comprend quatre parties. Leibniz y parle: 1° de la nature de la Monade et de ses degrés de perfection (1-35); 2° de l'existence et des attributs de Dieu (36-48); 3° de l'univers considéré du point de vue divin (49-83); 4° de la morale (84-90).

II.—TEXTE ET NOTES

1. La Monade[320], dont nous parlerons ici, n'est autre chose, qu'une substance simple, qui entre dans les composés; simple, c'est-à-dire sans parties[321].

[Note 320: C'est dans une lettre à Fardella, datée de 1697 *(Ed. Erd.,* p. 145), que Leibniz a commencé à se servir du terme de Monade (unité). Il n'est pas le premier qui l'ait employé. Ce mot se trouve déjà dans Jordano Bruno, qui philosophait vers la seconde moitié du XVIe siècle; mais il prend, dans cet auteur, un sens assez différent. D'après Jordano Bruno, la Monade n'est point une substance; c'est un élément modal de la Substance, qui est unique et éternelle. De plus, Jordano Bruno ne fait pas de la Monade un *sujet*, mais une *chose*.]

[Note 321: La *Monadologie* contient des renvois à la *Théodicée* que Leibniz a écrits de sa main dans la marge de la première copie de cet ouvrage. Nous y adjoindrons un *astérisque*, pour les distinguer des autres références auxquelles nous aurons l'occasion de recourir.

Théod., § 10, p. 482b: Le système de l'harmonie préétablie «fait voir qu'il y a nécessairement des substances simples et sans étendue, répandues par toute la nature».—*Syst. nouv. de la nature*, p. 125a, 3: «Aristote les appelle *Entéléchies premières*. Je les appelle peut-être plus intelligiblement, *Forces primitives*, qui ne contiennent pas seulement l'acte ou le complément de la possibilité, mais encore une activité originale.» Leibniz, comme on peut le remarquer ici, n'emploie pas encore le mot de monade; c'est deux ans plus tard qu'il s'en servira pour la première fois.—*Correspondance de Leibniz et d'Arnauld*, p. 639, *Ed. Janet*: «L'étendue est un attribut qui ne saurait constituer un être accompli.»—*Ibid.*, p. 631: «L'unité substantielle demande un être accompli et indivisible.»]

2. Et il faut qu'il y ait des substances simples; puisqu'il y a des composés; car le composé n'est autre chose, qu'un amas, ou *aggregatum* des simples[322].

[Note 322: _Syst. nouv. de la nature, _p. 124a, 3, *Erdmann*: «Au commencement, lorsque je m'étais affranchi du joug d'Aristote, j'avais donné dans le vide et dans les atomes, car c'est ce qui remplit le mieux l'imagination; mais en étant revenu, après bien des méditations je m'aperçus qu'il est impossible de trouver les principes d'une véritable unité dans la matière seule, ou dans ce qui n'est que passif, puisque tout n'y est que collection ou amas de parties à l'infini. Or la multitude ne pouvant avoir sa réalité que des *unités véritables*, qui viennent d'ailleurs, et sont tout autre chose que les points dont il est constant que le continu ne saurait être composé; donc pour trouver ces *unités réelles* je fus contraint de recourir à un atome formel, puisqu'un être matériel ne saurait être en même temps matériel et parfaitement indivisible, ou doué d'une véritable unité. Il fallut donc rappeler et comme réhabiliter les formes substantielles, si décriées aujourd'hui; mais d'une manière qui les rendît intelligibles, et qui séparât l'usage qu'on en doit faire, de l'abus qu'on en a fait.»— *Correspondance de Leibniz et d'Arnauld*, p. 639: «Ainsi on ne trouvera jamais un corps dont on puisse dire que c'est véritablement une substance. Ce sera toujours un agrégé de plusieurs.»—*Ibid.*, p. 630: «Je crois qu'un carreau de marbre n'est peut-être que comme un tas de pierres, et ainsi ne saurait passer pour une seule substance, mais pour un assemblage de plusieurs. Car supposons qu'il y ait deux pierres, par exemple celui du Grand-Duc et celui du Grand-Mogol; on pourra mettre un même nom collectif en ligne de compte pour tous deux, et on pourra dire que c'est une paire de diamants, quoiqu'ils se trouvent bien éloignés l'un de l'autre; mais on ne dira pas que ces deux diamants composent une seule substance. Or le plus et le moins ne fait rien ici. Qu'on les rapproche donc davantage l'un de l'autre, et qu'on les fasse toucher même, ils n'en seront pas plus substantiellement unis; et quand après leur attouchement, on y joindrait quelque autre corps propre à empêcher leur séparation, par exemple si on les enchâssait dans un seul anneau, tout cela n'en ferait que ce qu'on appelle un uni *per accidens*.» Ainsi des autres corps. On peut dire de chacun d'eux qu'il n'est pas plus une substance «qu'un troupeau de moutons.»]

3. Or là, où il n'y a point de parties, il n'y a ni étendue, ni figure[323], ni divisibilité possible[324]. Et ces Monades sont les véritables Atomes de la Nature et en un mot les Éléments des choses.

[Note 323: Si la monade était un «atome matériel» à la façon d'Epicure, elle serait encore étendue, et pourrait avoir une figure. Mais un tel atome ne résout pas le problème; car il ne signifie «qu'une répétition ou multiplicité continuée de ce qui est répandu» (*Lettre* à M. Foucher, datée de 1693, p. 114b): ce n'est encore qu'un agrégat. Il faut, pour trancher la question, arriver à des éléments qui soient simples, comme la pensée. A «d'atome matériel», il faut substituer «d'atome formel». Or celui-là, évidemment, n'a plus ni étendue ni figure. On ne le touche pas, on ne l'imagine pas; on le conçoit, et c'est tout. «Quoique je demeure d'accord, que le détail de la nature se doit expliquer *mécaniquement*, il faut, qu'outre l'étendue on conçoive dans le corps une force primitive qui explique *intelligiblement* tout ce qu'il y a de solide dans les formes des écoles» (*Lettre à un ami sur le cartésianisme*, datée de 1695, p. 123a).]

[Note 324: *Syst. nouv. de la nature*, p. 125a, 4: «Je voyais que ces formes et ces âmes devaient être indivisibles, aussi bien que notre Esprit, comme en effet je me souvenais que c'était le sentiment de saint Thomas à l'égard des âmes des bêtes.»— *Correspondance de Leibniz et d'Arnauld*, p. 630: «J'accorde que la forme substantielle du corps est indivisible; et il me semble que c'est aussi le sentiment de saint Thomas.» Remarquons cependant que, d'après le Dr Angélique, l'âme des bêtes est, non *indivisible*, mais seulement *indivise*.]

4. Il n'y a aussi point de dissolution à craindre, et il n'y a aucune manière concevable par laquelle une substance simple puisse périr naturellement.

5. Par la même raison il n'y en a aucune, par laquelle une substance simple puisse commencer naturellement, puisqu'elle ne saurait être formée par composition.

6. Ainsi on peut dire, que les Monades ne sauraient commencer ni finir, que tout d'un coup, c'est-à-dire elles ne sauraient commencer que par création, et finir que par annihilation; au lieu, que ce qui est composé, commence ou finit par parties[325].

[Note 325: LEIBNIZ déduit ici les conséquences qu'entraîne le concept de la *monade* relativement à son *origine* et à sa *destinée*.

Théod., § 89, p. 527b: «Je tiens que les âmes, et généralement les substances simples, ne sauraient commencer que par la création, ni finir que par l'annihilation: et comme la formation de corps organiques animés ne paraît explicable dans la nature, que lorsqu'on suppose *une préformation* déjà organique, j'en ai inféré que ce que nous appelons génération d'un animal, n'est qu'une transformation et augmentation: ainsi puisque le même corps était déjà animé et qu'il avait la même âme; de même que je juge *vice-versa* de la conservation de l'âme, lorsqu'elle est créée une fois, l'animal est conservé aussi, et que la mort apparente n'est qu'un enveloppement.»

V. *Ibid.*, p. 527b, 91, la suite de la même théorie appliquée à *l'âme humaine*: «Je croirais, que les âmes, qui seront un jour âmes humaines, comme celles des autres espèces, ont été dans les semences et dans les ancêtres jusqu'à Adam, et ont existé par conséquent depuis le commencement des choses, toujours dans une manière de corps organique... Et cette doctrine est assez confirmée par les observations microscopiques de M. Leeuwenhoek, et d'autres bons observateurs. Mais il me paraît encore convenable pour plusieurs raisons, qu'elles n'existaient alors qu'en âmes sensitives ou animales, douées de perception et de sentiment, et destituées de raison; et qu'elles sont demeurées dans cet état jusqu'au temps de la génération de l'homme à qui elles devaient appartenir, mais qu'alors elles ont reçu la Raison; soit qu'il y ait un moyen naturel d'élever une âme sensitive au degré d'une âme raisonnable (ce que j'ai de la peine à concevoir), soit que Dieu ait donné la Raison à cette âme par une opération particulière, ou (si vous voulez) par une espèce de transcréation.»

V. aussi sur ce point: *Théod.*, p. 618, 396-398; *Correspondance de Leibniz et d'Arnauld*, p. 639-640; *Syst. nouv. de la nature*, p. 125-126a, 4-7; *Comment. de anima brutorum*, p. 464b, XI; *Epist. ad Wagnerum*, p. 466, IV; *N. essais*, p. 224a, 12; p. 243a, 11; p. 269b, 73; p. 273a, 13; p. 273b, 19; p. 278b, 6: «Cependant il n'y a point de *transmigration* par laquelle l'âme quitte entièrement son corps et passe dans un antre. Elle garde toujours, même dans la mort, un corps organisé, partie du précédent, quoique ce qu'elle garde soit toujours sujet à se dissiper insensiblement et à se réparer et même à souffrir en certain temps un grand changement. Ainsi au lieu d'une transmigration de l'âme il y a transformation, enveloppement ou développement, et enfin fluxion du corps de cette âme.»

Dieu pourrait à la rigueur anéantir les âmes au moment de la mort. Mais il ne le fait point, et pour deux raisons. En premier lieu, comme il est souverainement parfait, ses œuvres ne lui inspirent jamais de repentance; il conserve à l'indéfini ce qu'il a une fois créé. En second lieu, si Dieu détruisait les âmes au fur et à mesure que leurs machines se détraquent, il lui en faudrait créer d'autres, pour les remplacer. Or il obéit à la loi *d'économie*, par le fait même qu'il obéit à la loi *du meilleur*. C'est donc pour toujours que les âmes sont livrées au trafic de la nature: il y a permanence d'énergie psychologique, comme il y a permanence de force vive.

On remarquera aussi qu'il ne s'agit, dans ce passage important, que de *l'immortalité physique*; Leibniz touchera plus loin au problème de *l'immortalité morale*.]

7. Il n'y a pas moyen aussi d'expliquer, comment une Monade puisse être altérée ou changée dans son intérieur par quelque autre créature, puisqu'on n'y saurait rien transposer ni concevoir en elle aucun mouvement interne, qui puisse être excité, dirigé, augmenté ou diminué là-dedans; comme cela se peut dans les composés, où il y a des changements entre les parties. Les Monades n'ont point de fenêtres, par lesquelles quelque chose y puisse entrer ou sortir. Les accidents ne sauraient se détacher, ni se promener hors de substances, comme faisaient autrefois les espèces sensibles des scholastiques. Ainsi ni substance ni accident peut entrer de dehors dans une Monade[326].

[Note 326: V. *sup.*, p. 11-12, les raisons d'ordre *métaphysique*, sur lesquelles se fonde cette thèse de l'indépendance absolue de la monade à l'égard de toute influence dynamique extérieure; et *sup.*, p. 17-18, les raisons d'ordre *mécanique* à l'aide desquelles Leibniz essaie également de l'établir.]

8. Cependant il faut que les Monades aient quelques qualités, autrement ce ne seraient pas même des Êtres[327]. Et si les substances simples ne différaient point par leurs qualités, il n'y aurait pas de moyen de s'appercevoir d'aucun changement dans les choses, puisque ce qui est dans le composé ne peut venir que des ingrédients simples[328], et les Monades étant sans qualités seraient indistinguables l'une de l'autre, puisqu'aussi bien elles ne diffèrent point en quantité[329]: et par conséquent, le plein étant supposé, chaque lieu ne recevrait toujours, dans le mouvement, que l'Équivalent de ce qu'il avait eu, et un état des choses serait indistinguable de l'autre[330].

[Note 327: V. *sup.*, p. 7.—*N. Essais*, p. 222a-223b, 2: «Les facultés sans quelque acte, en un mot les pures puissances de l'école, ne sont que des fictions, que la nature ne connaît point, et qu'on n'obtient qu'en faisant des abstractions. Car où trouvera-t-on jamais dans le monde une faculté, qui se renferme dans la seule puissance sans exercer aucun acte? il y a toujours une disposition particulière à l'action et à une action plutôt qu'à l'autre. Et outre la disposition il y a une tendance à l'action, dont même il y a toujours une infinité à la fois dans chaque sujet: et ces tendances ne sont jamais sans quelque effet.»—*De vera methodo...*, p. 111b: «Satis autem ex interioribus metaphysicæ principiis ostendi potest, *quod non agit, nec existere*, nam potentia agendi sine ullo actus initio nulla est.»]

[Note 328: Il pourrait y avoir du changement; mais on serait dans l'impossibilité de s'en apercevoir, car il ne s'y produirait aucune différence, ni qualitative ni quantitative: Tout serait homogène à la surface, tout se trouvant homogène dans le fond.]

[Note 329: Et, par là même, elles se confondraient: il n'y aurait qu'une monade créée, comme il n'y a qu'une monade incréée. Ainsi le veut le principe des *indiscernables*. Si le monde est le *meilleur possible*, il est aussi *le plus varié possible*; et, partant, il n'y a pas dans la nature deux êtres réels absolument semblables: Dieu ne fait point de telles «répétitions», qui sont contraires à sa sagesse. Il n'y a pas plus de monades qui se ressemblent de tous points qu'il n'y a dans les forêts deux feuilles qui s'imitent parfaitement l'une l'autre (*Lettres entre Leibniz et Clarke*, p. 755b, 3-4, p. 765, 3 et 4, 5 et 6).]

[Note 330: «Un état des choses serait *indistinguable* de l'autre» Il le serait *en soi*, non plus *en apparence* seulement, comme il est dit plus haut; les divers mouvements de la nature n'en feraient plus qu'un, car c'est un principe qui ne souffre pas d'exception: les semblables ne peuvent être qu'identiques.]

9. Il faut même que chaque Monade soit différente de chaque autre. Car il n'y a jamais dans la nature, deux Êtres, qui soient parfaitement l'un comme l'autre, et où il ne soit possible de trouver une différence interne, ou fondée sur une dénomination intrinsèque[331].

[Note 331: C'est encore ce qu'exige le principe des *indiscernables*. Il ne suffit pas, d'après ce principe, qu'il y ait entre les monades une *différenciation spécifique*; il faut aussi qu'il y ait entre elles une *différenciation individuelle*; et Leibniz développe cette pensée au livre second des *Nouveaux Essais*, ch. I, p. 222b, 2: «Il n'y a point de corps, dit-il, dont les parties soient en repos, et il n'y a point de substance qui n'ait de quoi se distinguer de toute autre. Les âmes humaines diffèrent non seulement des autres âmes, mais encore entr'elles, quoique la différence ne soit point de la nature de celles, qu'on appelle spécifiques. Et selon les démonstrations, que je crois avoir, toute chose substantielle, soit âme ou corps, a son rapport à chacune des autres, qui lui est *propre*; et l'une doit toujours différer de l'autre par des dénominations *intrinsèques*.»]

10. Je prends aussi pour accordé, que tout être créé est sujet au changement, et par conséquent la Monade créée aussi, et même que ce changement est continuel dans chacune[332].

[Note 332: *Théod.*, § 396, p.618a: «Et je conçois les qualités ou les forces dérivatives, ou ce qu'on appelle formes accidentelles, comme des modifications de l'Entéléchie primitive; de même que les figures sont des modifications de la matière. C'est pourquoi ces modifications *sont dans un changement perpétuel*, pendant que la *substance simple demeure*.»— *Comment. de anima brutorum*, p. 464a, VIII.]

11. Il s'ensuit de ce que nous venons de dire, que les changemens naturels des Monades viennent d'un *principe interne*, puisqu'une cause externe ne saurait influer dans son intérieur[333].

[Note 333: *Théod.*, § 400, p. 619: «De dire que l'âme ne produit point ses pensées, ses sensations, ses sentiments de douleur et de plaisir, c'est de quoi je ne vois aucune raison. Chez moi, toute substance simple (c'est-à-dire, toute substance véritable) doit être la véritable cause immédiate de toutes ses actions et passions internes; et à parler dans la rigueur métaphysique, elle n'en a point d'autres que celles qu'elle produit.» La nature des monades consiste donc dans «da force». Elles sont «effort» (conatus); ou, plus justement encore, elles ont pour fond «da spontanéité» *(Syst. nouv. de la nature*, p. 125a, 3 et 127, 14; *De Vera Methodo..*, 111b; *Théod.*, p. 590b, 291).

«Late anima idem erit quod vita seu principium vitale, nempe principium actionis internæ in re simplici seu monade existens, cui actio externa respondet» *(Epist. ad Wagnerum*, p. 466a, III).)]

12. Mais il faut aussi, qu'outre le principe du changement il y ait un *détail de ce qui change*, qui fasse pour ainsi dire la spécification et la variété des substances simples.

13. Ce détail doit envelopper une multitude dans l'unité ou dans le simple. Car tout changement naturel se faisant par degrés, quelque chose change et quelque chose reste; et par conséquent il faut que dans la substance simple il y ait une pluralité d'affections et de rapports quoiqu'il n'y en ait point de parties.

14. L'état passager qui enveloppe et représente une multitude dans l'unité ou dans la substance simple n'est autre chose que ce qu'on appelle la *Perception*[334].

> [Note 334: *Lettre III au P. des Bosses*, datée du 11 juillet 1706, p. 438a: «Cum perceptio nihil aliud sit, quam multorum in uno expressio, necesse est onmes Entelechias seu Monades perceptione præditas esse.»—*Epist. ad Wagnerum*, p. 466a, III: «Isque corresponsus interni et externi seu repræsentatio externi in interno, compositi in simplice, multitudinis in unitate, revera perceptionem constituit» dans le *moi humain*; l'autre se déduit du principe de *continuité*, qui veut que tout soit *un* dans une variété infinie. A ces deux raisons, on peut en ajouter une troisième qui se tire du *rapport de la monade au monde extérieur*. La monade, étant close et intangible, ne peut avoir de relations avec l'univers qu'autant qu'elle en contient la *représentation*; mais toute représentation suppose la perception *(Syst. nouv. de la nature*, p. 127, 14).]

On a donné plus haut (p. 7-8) deux raisons de la thèse formulée ici par Leibniz: l'une se fonde sur *une certaine analogie* que présentent la réduction du multiple à l'un, telle qu'elle a lieu dans la monade, et la même opération, telle qu'elle se fait qu'on doit distinguer de l'aperception ou de la conscience, comme il paraîtra dans la suite[335]. Et c'est en quoi les Cartésiens ont fort manqué, ayant compté pour rien les perceptions dont on ne s'aperçoit pas. C'est aussi ce qui les a fait croire, que les seuls Esprits étaient des Monades, et qu'il n'y avait point d'Ames des Bêtes ou d'autres Entéléchies[336], et qu'ils ont confondu avec le vulgaire un long étourdissement avec une mort à la rigueur[337], ce qui les a fait encore donner dans le préjugé scolastique des âmes entièrement séparées[338], et a même confirmé les esprits mal tournés dans l'opinion de la mortalité des âmes[339].

> [Note 335: V. *sup.*, p. 28-30, les considérations sur lesquelles Leibniz fonde l'existence des *perceptions* qui ne sont point *aperçues*.]

> [Note 336: Leibniz distingue «la *perception* qui est l'état intérieur de la monade représentant les choses externes, et l'*aperception* qui est la *conscience*, ou la connaissance réflexive de cet état intérieur» *(Principes de la nature et de la grâce*, p. 715a, 4). Et cette distinction lui permet d'établir une *différence spécifique* entre l'homme et l'animal *(Ibid.; Epist. ad Wagnerum* p. 464b, XIII; *Comment. de anima brutorum*, p. 466a, III; *N. Essais*, p.251b, 5). Descartes, au contraire, admettant que toute âme

est par essence pensée de la pensée, était dans l'obligation ou de faire des animaux de simples machines, ou de les égaler psychologiquement à l'homme.]

[Note 337: Il n'y a jamais de mort réelle, pour Leibniz. Toute monade, quelles que soient les métamorphoses de son organisme, conserve toujours au moins quelques *perceptions inaperçues*, vu que son «action essentielle» est la pensée. «Aussi n'y a-t-il personne qui puisse bien marquer le véritable temps de la mort, laquelle peut passer longtemps pour une simple suspension des actions notables, et dans le fond n'est jamais autre chose dans les simples animaux» (*Syst. nouv. de la nature*, p. 125b, 7).—V. aussi: (*Comment. de anima brutorum*, p. 464b, XI; *Epist. ad Wagnerum*, p. 466b, IV).]

[Note 338: Par le fait même que les cartésiens ne voyaient, dans la nature, que des *esprits* et des *machines*, ils ont dû admettre qu'après la mort les âmes humaines sont «entièrement séparées». C'est aussi sous la même forme qu'ils ont dû s'imaginer les anges.]

[Note 339: *N. Essais*, p. 269b, 73: «Ceux qui ont voulu soutenir une entière séparation et des manières de penser dans l'âme séparée, inexplicables par tout ce que nous connaissons, et éloignées non seulement de nos présentes expériences, mais, ce qui est bien plus, de l'ordre général des choses, ont donné trop de prise aux prétendus esprits forts et ont rendu suspectes à bien des gens les plus belles et les plus grandes vérités, s'étant même privés par là de quelques bons moyens de les prouver, que cet ordre nous fournit.»]

15. L'action du principe interne, qui fait le changement ou le passage d'une perception à une autre, peut être appelé *appétition*[340]; il est vrai, que l'appétit ne saurait toujours parvenir entièrement à toute la perception, où il tend, mais il en obtient toujours quelque chose, et parvient à des perceptions nouvelles[341].

[Note 340: Tous les griefs que Leibniz élève, dans cette proposition, contre le cartésianisme, sont formulés et à peu près dans les mêmes termes, au numéro 4 des *Principes de la nature et de la grâce*, p. 715a.]

[Note 341: La monade «porte avec elle non seulement une simple faculté active, mais aussi ce qu'on peut appeler *force, effort, conatus*, dont l'action même doit suivre, si rien ne l'empêche» (*Théod.*, p. 526b, 87); elle enveloppe «une tendance». De plus, cette tendance enveloppe à son tour la perception; elle est donc une véritable appétition; et c'est là le ressort interne, tant cherché, qui meut tout. Il a fallu, pour le trouver, que Leibniz passât d'abord du mécanisme au dynamisme, puis du dynamisme lui-même au psychologisme. C'est la philosophie des *fins*, et non celle des *causes*, qui fournit la solution du problème.]

[Note 341: V. *sup.*, p. 30-31, la loi de développement des monades.]

16. Nous expérimentons en nous-mêmes une multitude dans la substance simple, lorsque nous trouvons que la moindre pensée dont nous nous appercevons, enveloppe une variété dans l'objet. Ainsi tous ceux, qui reconnaissent que l'âme est une substance simple, doivent reconnaître cette multitude dans la Monade; et Monsieur Bayle ne devait point y trouver de la difficulté, comme il a fait dans son Dictionnaire, article *Rorarius*[342].

[Note 342: Leibniz répond ici à l'objection de Bayle, insérée dans l'article *Rorarius*, et d'après laquelle il ne peut y avoir de cause de changement dans la monade. Voici les paroles de Bayle: «Comme il (Leibniz) suppose avec beaucoup de raison que toutes les âmes sont simples et indivisibles, on ne saurait comprendre qu'elles puissent être comparées à une pendule; c'est-à-dire que, par leur constitution originale, elles puissent diversifier leurs opérations, en se servant de l'activité spontanée qu'elles recevraient de leur Créateur. On conçoit fort bien qu'un être simple agira toujours uniformément, si aucune cause étrangère ne le détourne. S'il était composé de plusieurs pièces comme une machine, il agirait diversement, parce que l'activité particulière de chaque pièce pourrait changer à tout moment le cours de celle des autres; mais dans une substance unique, où trouverez-vous la cause du changement d'opération?»]

17. On est obligé d'ailleurs de confesser, que la *Perception* et ce, qui en dépend, est *inexplicable par des raisons mécaniques*, c'est-à-dire par les figures et par les mouvements[343]. Et feignant, qu'il y ait une machine, dont la structure fasse penser, sentir, avoir perception; on pourra la concevoir aggrandie en conservant les mêmes proportions, en sorte qu'on y puisse entrer comme dans un moulin. Et cela posé on ne trouvera en la visitant au dedans que des pièces qui poussent les unes les autres, et jamais de quoi expliquer une perception. Ainsi c'est dans la substance simple et non dans le composé, ou dans la machine, qu'il la faut chercher. Aussi n'y a-t-il que cela qu'on puisse trouver dans la substance simple, c'est-à-dire les perceptions et

leurs changemens. C'est en cela seul aussi que peuvent consister toutes les *Actions internes* des substances simples[344].

> [Note 343: Il y a là un *confirmatur* de la simplicité de la monade. Aux raisons *métaphysiques* qui la prouvent s'ajoute une raison d'ordre *psychologique*. Si la monade est *perception*, il faut bien qu'elle soit indivisible, comme notre âme elle-même.]

[Note 344: *Préf.* *** 2, b, p. 474a.]

18. On pourrait donner le nom d'Entéléchies à toutes les substances simples ou Monades créées[345], car elles ont en elles une certaine perfection (ἔχουσι τὸ ἐντελὲς), il y a une suffisance (αὐτάρκειν) qui les rend sources de leurs actions internes et pour ainsi dire des Automates incorporels[346].

> [Note 345: *Théod.*, § 87, p. 526b;—*Syst. nouv. de la nature*, p. 125a, 3;—*Epist. ad Wagnerum*, p. 466a, II;—*Comment. de anima brutorum*, p. 463, V;—*Principes de la nature et de la grâce*, p. 714a.]

> [Note 346: *Lettre IV au P. des Bosses*, datée du 1er septembre 1706, p. 438b, ad 21: «Bruta puto perfecta esse automata».— *N. Essais*, p. 205a: «Je vois maintenant... comment les animaux sont des automates suivant Descartes et comment ils ont pourtant des âmes et du sentiment suivant l'opinion du genre humain.»—*Correspondance de Leibniz et d'Arnauld*, p. 578: «Comme la notion individuelle de chaque personne enferme une fois pour toutes ce qui lui arrivera à jamais, on y voit les preuves *a priori* ou raisons de la vérité de chaque événement, ou pourquoi l'un est arrivé plutôt que l'autre.»— *Théod.*, p. 620a, 403.]

19. [347]Si nous voulons appeler Ame tout ce qui a *perceptions* et *appétits* dans le sens général que je viens d'expliquer, toutes les substances simples ou Monades créées pourraient être appelées Ames; mais, comme le sentiment est quelque chose de plus qu'une simple perception, je consens, que le nom général de Monades et d'Entéléchies suffise aux substances simples, qui n'auront que cela; et qu'on appelle *Ames* seulement celles dont la perception est plus distincte et accompagnée de mémoire[348].

> [Note 347: Leibniz, après avoir déterminé la *nature* des monades, passe à l'examen de leurs *degrés de perfection*.]

> [Note 348: Dans la variété infinie des monades, se distinguent *trois degrés notables de perfection*, qui ne sont autre chose que *trois degrés notables de la connaissance*. Il y a d'abord des

monades qui n'ont que la *perception pure et simple*, c'est-à-dire
un mode de pensée tellement «bandé» à son objet qu'il ne se
replie jamais sur lui-même, et tellement infime qu'il n'en reste
aucune trace perceptible. Et ce sont ces monades que l'on ne
peut appeler *âmes* que *lato sensu*, auxquelles il convient de
laisser le nom d'*enléléchies*.]

20. Car nous expérimentons en nous-mêmes un état, où nous ne nous
souvenons de rien et n'avons aucune perception distinguée, comme lorsque
nous tombons en défaillance ou quand nous sommes accablés d'un profond
sommeil sans aucun songe. Dans cet état l'âme ne diffère point
sensiblement d'une simple Monade[349], mais, comme cet état n'est point
durable, et qu'elle s'en tire, elle est quelque chose de plus[350].

[Note 349: L'état de ces monades inférieures est semblable à
celui où nous tombons accidentellement, lorsque «nous
dormons sans songe» ou que nous sommes évanouis
(*Comment. de anima brutorum* p. 464b, X; *N. Essais*, p. 224a, 11;
Principes de la nature et de la grâce, p. 715a). C'est une sorte de
«stupeur»: «aggregatum confusum multarum perceptionum
parvarum nihil eminentis habentium, quod attentionem
excitet, stuporem inducit» (*Comment. de anima brutorum*, p.
464b, X).]

[Note 350: *Théod.*, § 64, p.497a.]

21. Et il ne s'ensuit point, qu'alors la substance simple soit sans aucune
perception. Cela ne se peut pas même par les raisons susdites; car elle ne
saurait périr, elle ne saurait aussi subsister sans quelque affection, qui n'est
autre chose, que sa perception: mais quand il y a une grande multitude de
petites perceptions, où il n'y a rien de distingué, on est étourdi; comme
quand on tourne continuellement d'un même sens plusieurs fois de suite,
où il vient un vertige qui peut nous faire évanouir et qui ne nous laisse rien
distinguer. Et la mort peut donner cet état pour un tems aux animaux.

22. Et comme tout présent état d'une substance simple est naturellement
une suite de son état précédent[351], tellement, que le présent y est gros
d'avenir.

[Note 351: *Théod.*, § 360, p. 608b: «C'est une des règles de
mon système de l'harmonie générale, que le présent est gros
de l'avenir, et que celui qui voit tout, voit dans ce qui est ce
qui sera.»]

23. Donc puisque réveillé de l'étourdissement, on *s'apperçoit* de ses
perceptions, il faut bien, qu'on en ait eu immédiatement auparavant,
quoiqu'on ne s'en soit point apperçu[352]; car une perception ne saurait

venir naturellement, que d'une autre perception, comme un mouvement ne peut venir naturellement que d'un mouvement[353].

[Note 352: Lorsque nous commençons à revenir soit «d'un sommeil sans songe», soit d'un évanouissement, nous avons nécessairement une première pensée dont nous nous apercevons. C'est donc qu'auparavant nous en avions d'autres que nous n'apercevions pas, car une pensée ne peut avoir pour antécédent qu'une autre pensée: «Tout se fait dans l'âme, comme s'il n'y avait pas de corps; de même que... tout se fait dans le corps, comme s'il n'y avait point d'âme» *(Réplique aux réflexions de Bayle,* p. 185b).]

[Note 353: *Théod.,* § 401-403, p. 619-620: «Toute perception présente tend à une perception nouvelle, comme tout mouvement qu'elle représente tend à un autre mouvement.»

Ainsi, le propre des entéléchies ou simples monades est de vivre dans une sorte d'étourdissement dont elles ne se tirent jamais, leur matière première y faisant obstacle.]

24. L'on voit par là, que si nous n'avions rien de distingué et pour ainsi dire de relevé, et d'un plus haut goût dans nos perceptions, nous serions toujours dans l'étourdissement. Et c'est l'état des Monades toutes nues.

25. Aussi[354] voyons-nous que la nature a donné des perceptions relevées aux animaux par les soins qu'elle a pris de leur fournir des organes, qui ramassent plusieurs rayons de lumière ou plusieurs ondulations de l'air pour les faire avoir plus d'efficace par leur union. Il y a quelque chose d'approchant dans l'odeur, dans le goût et dans l'attouchement et peut-être dans quantité d'autres sens, qui nous sont inconnus[355]. Et j'expliquerai tantôt, comment ce qui se passe dans l'âme représente ce qui se fait dans les organes.

[Note 354: Au-dessus des entéléchies, il y a des monades dont la perception s'accompagne de mémoire sans aller jusqu'à la réflexion: ces monades peuvent s'appeler des âmes, et les êtres qui les possèdent sont des animaux.]

[Note 355: *Comment. de anima brutorum,* p. 464b, X: «Oriuntur perceptiones magis distincte, quando etiam corpus fit perfectius et magis ordinatum.»—*Théod.,* p. 540a, 124: «Ces corps organiques», où les âmes sont enveloppées, «ne diffèrent pas moins en perfection que les esprits à qui ils appartiennent».—*Principes de la nature et de la grâce,* p. 715a, 4: «Mais quand la Monade a des organes si ajustés, que par leur moyen il y a du relief et du distingué dans les impressions qu'ils reçoivent, et par conséquent dans les perceptions qui les représentent (comme, par exemple, lorsque par le moyen de la figure des humeurs des yeux, les rayons de la lumière sont concentrés et agissent avec plus de force), cela peut aller jusqu'au sentiment, c'est-à-dire, jusqu'à une perception accompagnée de mémoire.» Leibniz admet qu'il existe une sorte de parallélisme entre le développement *organique* et le développement *mental*; et c'est dans le premier, d'après lui, que le second trouve sa condition.]

26. La mémoire fournit une espèce de *consécution* aux âmes, qui imite la raison, mais qui en doit être distinguée. C'est que nous voyons que les animaux ayant la perception de quelque chose qui les frappe et dont ils ont eu perception semblable auparavant, s'attendent par la représentation de leur mémoire à ce qui y a été joint dans cette perception précédente et sont portés à des sentiments semblables à ceux qu'ils avaient pris alors. Par exemple: quand on montre le bâton aux chiens, ils se souviennent de la douleur qu'il leur a causée et crient et fuient[356].

[Note 356: *Prélim.*, § 65, p. 497a: «Les bêtes ont des *consécutions* de perception qui imitent le raisonnement, et qui se trouvent aussi dans le sens interne des hommes, lorsqu'ils n'agissent qu'en empiriques.»—*N. Essais*, p. 195b: «Les consécutions des bêtes sont purement comme celles des simples empiriques, qui prétendent, que ce, qui est arrivé quelquefois arrivera encore dans un cas, où ce, qui les frappe, est pareil, sans être pour cela capables de juger, si les mêmes raisons subsistent. C'est par là qu'il est si aisé aux hommes d'attraper les bêtes, et qu'il est si facile aux simples empiriques de faire des fautes.»—*Ibid.*, 237b, 11;—*Ibid.*, p. 251b, 5;—*Principes de la nature et de la grâce*, p. 715b.]

27. Et l'imagination forte, qui les frappe et émeut, vient ou de la grandeur ou de la multitude des perceptions précédentes. Car souvent une impression forte fait tout d'un coup l'effet d'une longue *habitude*, ou de beaucoup de perceptions médiocres réitérées[357].

[Note 357: V., sur ce point, *sup.*, p. 74-75.]

28. [358]Les hommes agissent comme les bêtes en tant que les consécutions de leurs perceptions ne se font que par le principe de la mémoire; ressemblant aux Médecins empiriques, qui ont une simple practique sans théorie; et nous ne sommes qu'empiriques dans les trois quarts de nos actions. Par exemple, quand on s'attend qu'il y aura jour demain, on agit en empirique par ce que cela s'est toujours fait ainsi jusqu'ici. Il n'y a que l'Astronome qui le juge par raison.

[Note 358: Au-dessus de l'âme des bêtes, il y a l'âme humaine: c'est là le troisième degré. Or le trait différentiel de l'âme humaine est «l'apperception», c'est-à-dire la «conscience», ou «réflexion», laquelle enveloppe de quelque manière la connaissance des vérités nécessaires ou «raison». Cette âme a incomparablement plus de perfection que les autres formes «enfoncées dans la matière»: elle est «comme un petit Dieu»; et on peut l'appeler du nom d'*Esprit* (*Principes de la nature et de la grâce*, p. 719a, 4; *Syst. nouv. de la nature*, p. 125a, 5).]

29. Mais la connaissance des vérités nécessaires et éternelles est ce qui nous distingue des simples animaux et nous fait avoir la *Raison* et les sciences, en nous élevant à la connaissance de nous-mêmes et de Dieu[359]. Et c'est ce qu'on appelle en nous Ame raisonnable ou *Esprit*.

[Note 359: *N. Essais*, p. 193;—*Ibid.*, p 251b, 5;—*Comment. de anima brutorum*, p. 464b, XIII et XIV;—*Epist. ad Wagnerum*, p. 466a, III: «Quemadmodum mens est species animæ nobilior, ubi sensioni accedit ratio seu consequutio ex universalitate veritatum.»—*Ibid.*, p. 466b, V;—*Principes de la nature et de la grâce*, p. 715b, V: «Mais le raisonnement véritable dépend des vérités nécessaires ou éternelles; comme sont celles de la logique, des nombres, de la géométrie, qui font la connexion indubitable des idées, et les conséquences immanquables. Les animaux où ces conséquences ne se remarquent point, sont appelés bêtes; mais ceux qui connaissent ces vérités nécessaires, sont proprement ceux qu'on appelle *animaux raisonnables*, et leurs âmes sont appelées *esprits*.»]

30. C'est aussi par la connaissance des vérités nécessaires et par leurs abstractions, que nous sommes élevés aux *actes réflexifs*, qui nous font penser à ce qui s'appelle *Moi*, et à considérer que ceci ou cela est en nous[360]: et c'est ainsi, qu'en pensant à nous, nous pensons à l'Être, à la substance, au simple et au composé, à l'immatériel et à Dieu même, en concevant que ce qui est borné en nous, est en lui sans bornes. Et ces actes réflexifs fournissent les objets principaux de nos raisonnements[361].

[Note 360: *Comment. de anima brutorum*, p. 464b, XIII: «Datur gradus quidam altior, quem adpellamus *cogitationem*. Cogitatio autem est perceptio cum ratione conjuncta, quam bruta, quantum observare possumus, non habent.»—*Epist. ad Wagnerum*, p. 466b: «Itaque homo non tantum vitam et animam, ut bruta, sed et *conscientiam sui*, et memoriam pristini status, et ut verbo dicam, personam servat.»—*Principes de la nature et de la grâce*, p. 715, 4-5.]

[Note 361: *Théod.*, préf. *, 4, *a*, p. 469a.—Ces différents textes sur les marques distinctives de l'âme humaine soulèvent une question de psychologie. D'après Leibniz, aperception, conscience de soi, réflexion ne font qu'un. Mais il ne semble pas qu'il en soit de même de la *réflexion et de la raison*. Ces deux choses s'impliquent sans nul doute; néanmoins, il y a passage de l'une à l'autre. Est-ce qu'on va de la réflexion à la raison ou de la raison à la réflexion? D'après certains passages des *Nouveaux Essais* (p. 212b 23; p. 219b, 3; p. 221a 18), et aussi d'après les *Principes de la nature et de la grâce* (p. 715b, 5), il semble qu'on aille du sujet à l'objet, de la réflexion à la découverte des vérités nécessaires, de la réflexion à la raison. Et c'est la marche contraire, qui serait la vraie d'après la première partie de la proposition 30 de la *Monadologie*. Peut-être concilierait-on ces textes divers, en disant que, selon Leibniz, l'esprit va par le *distinct* à la découverte du *moi*, et que, dans le *moi* une fois découvert, il trouve les «principaux objets de nos raisonnements», les idées de l'être, de la substance, du possible, du même, du simple, de Dieu, etc..]

31. Nos raisonnements sont fondés sur *deux grands principes, celui de la Contradiction*, en vertu duquel nous jugeons *faux* ce qui en enveloppe, et *vrai* ce qui est opposé ou contradictoire au faux[362].

[Note 362: *Théod.*, § 44, p. 491b;—*Théod.*, § 196, p. 564;—V. *sup.*, p. 40-41.]

32. Et *celui de la Raison suffisante*, en vertu duquel nous considérons qu'aucun fait ne saurait se trouver vrai ou existant, aucune énontiation véritable, sans qu'il y ait une raison suffisante pourquoi il en soit ainsi et non pas autrement, quoique ces raisons le plus souvent ne puissent point nous être connues[363].

[Note 363: V. *sup.*, p. 41 et ssq. Mais la manière dont Leibniz comprend ici le principe de la *raison suffisante*, diffère un peu de ce que l'on a vu dans les ouvrages précédents. Ce principe ne règle plus seulement les *vérités de fait*, il s'étend aux vérités de *droit*: il n'est «aucune énontiation véritable» qu'il ne serve à expliquer de quelque manière. Et c'est dans ce sens nouveau que Leibniz emploie ce principe un peu plus loin, à la proposition 33. «Quand une vérité est nécessaire, dit-il, on en peut trouver la *raison* par l'analyse.» Il semble bien aussi que la *raison suffisante* ait la même extension, au n° 7 des *Principes de la nature et de la grâce* (p. 716a).

Ainsi, le principe de contradiction et le principe de raison suffisante ne se distinguent plus par leurs départements; ils ont le même domaine, qui est celui de l'être réel ou possible. Mais ils diffèrent par leur fonction. Le rôle du principe de contradiction est *négatif*: il indique la condition logique de toute vérité, soit éternelle, soit contingente. Le rôle du principe de raison suffisante est *positif*: il sert d'abord à montrer le *pourquoi* des connexions éternelles des possibles; en second lieu, il nous révèle ce qui fait qu'il y a un univers plutôt que rien, et ce qui fait que tel univers s'est réalisé de préférence à d'autres; et, prise dans ce dernier sens qui a rapport au contingent, la raison suffisante englobe à la fois la *cause efficiente* et la *cause finale*.

Cette autre manière d'entendre les principes directeurs de l'intelligence humaine nous semble à la fois plus compréhensive et plus conforme aux lois de la logique. Leibniz, à force de réflexion, a fini par se rendre complètement maître de sa pensée.]

33. Il y a aussi deux sortes de *vérités*, celles de *raisonnement* et celles de *fait*[364]. Les vérités de *raisonnement* sont nécessaires et leur opposé est impossible, et celles de *fait* sont contingentes et leur opposé est possible. Quand une vérité est nécessaire, on en peut trouver la raison par l'analyse, la résolvant en idées et en vérités plus simples, jusqu'à ce qu'on vienne aux primitives[365].

[Note 364: V. *sup.*, p. 31-32.]

[Note 365: *Théod.*, § 170, 174, 189, p. 555-563;—*Ibid.*, § 280-289, p. 587, 588;—*Ibid.*, § 367, p. 610b;—*Ibid.*, abrégé, object. 3, p. 625-626.]

34. C'est ainsi que chez les Mathématiciens les *Théorèmes* de spéculation et les *Canons* de practique sont réduits par l'analyse aux *Définitions*, *Axiomes* et *Demandes*.

35. Et il y a enfin des *idées simples*, dont on ne saurait donner la définition; il y a aussi des axiomes et demandes ou en un mot des *principes primitifs*, qui ne sauraient être prouvés et n'en ont point besoin aussi; et ce sont les *énontiations identiques*, dont l'opposé contient une contradiction expresse[366].

[Note 366: *Théod.*, § 36, p. 513b-514a;—*Ibid.*, § 37, 44, 45, 49, 52, p. 515-517;—*Ibid.*, § 121, 122, p. 537b-538;—*Ibid.*, § 373, p. 612b-613a;—*Ibid.*, § 340, 344, p. 602b-604a.]

36.[367] Mais la *raison suffisante* se doit aussi trouver dans les *vérités contingentes ou de fait*, c'est-à-dire dans la suite des choses répandues par l'univers des créatures, où la résolution en raisons particulières pourrait aller à un détail sans bornes à cause de la variété immense des choses de la Nature et de la division des corps à l'infini. Il y a une infinité de figures et de mouvements présents et passés, qui entrent dans la cause efficiente de mon écriture présente; et il y a une infinité de petites inclinations et dispositions de mon âme présentes et passées, qui entrent dans la cause finale.

[Note 367: Une fois arrivé, à travers la hiérarchie des Monades, jusqu'au sommet de l'entendement humain, Leibniz aborde le problème de l'existence et de la nature de Dieu: armé du principe de la raison suffisante, il procède de suite à la recherche de la cause première et des existences et des essences. Il démontre d'abord l'existence de Dieu *a posteriori*; il la démontre ensuite *a priori*; puis il esquisse une déduction des attributs de Dieu.]

37. Et comme tout ce *détail* n'enveloppe que d'autres contingents antérieurs ou plus détaillés, dont chacun a encore besoin d'une Analyse semblable pour en rendre raison, on n'en est pas plus avancé, et il faut que la raison suffisante ou dernière soit hors de la suite ou *séries* de ce détail des contingences, quelqu'infini qu'il pourrait être[368].

[Note 368: Cet argument, tiré de la *contingence du mouvement*, nous paraît exposé avec plus de netteté, dans les *Principes de la nature et de la grâce* (p. 716, 8): «Cette raison suffisante de l'existence de l'univers, dit Leibniz en cet endroit, ne se saurait trouver dans la suite des *choses contingentes*, c'est-à-dire, des corps et de leurs représentations dans les âmes; parce que la matière étant indifférente en elle-même au mouvement et au repos, et à un mouvement tel ou autre, on n'y saurait trouver la raison du mouvement et encore moins d'un tel mouvement. Et quoique le présent mouvement, qui est dans la matière, vienne du précédent, et celui-ci encore d'un précédent, on n'en est pas plus avancé, quand on irait aussi loin qu'on voudrait; car il reste toujours la même question. Ainsi il faut que la raison suffisante, qui n'ait plus besoin d'une autre raison, soit hors de cette suite des choses contingentes, et se trouve dans une substance, qui en soit la cause, ou qui soit un être nécessaire, portant la raison de son existence avec soi; autrement on n'aurait pas encore une raison suffisante où l'on pût finir. Et cette raison des choses est appelée Dieu.»

Cet argument n'est pas entièrement identique à celui d'Aristote et de Spinoza. Leibniz prend pour point de départ une donnée scientifique, qui est l'indifférence de la matière au mouvement et au repos, et à un mouvement tel ou autre; Aristote et Spinoza se fondent uniquement sur l'*enchaînement causal* que présente la série régressive des mouvements. Mais Leibniz rejoint le raisonnement aristotélien et spinoziste, lorsqu'il s'agit de trouver la raison explicative du mouvement lui-même: il montre alors que, si la *succession* des phénomènes peut remonter à l'infini, il n'en peut aller de même de leur *causation*: car autrement tout serait causé: ce qui est contradictoire.

V. *sup.*, p. 67-68, deux autres preuves dont l'une se fonde sur la contingence de l'ordre, l'autre sur la contingence de la matière elle-même.]

38. Et c'est ainsi que la dernière raison des choses doit être dans une substance nécessaire, dans laquelle le détail des changemens ne soit qu'éminemment[369], comme dans la source, et c'est ce que nous appelons *Dieu*[370].

[Note 369: *Éminemment*: Cela signifie, comme le dit saint Thomas d'Aquin (*S. th.*, I, IV, *a*), que «tout ce qu'il y a de perfection dans l'effet doit se trouver dans la cause» «d'une manière plus excellente». Mais le malheur veut que cette explication ne suggère rien de très clair à l'esprit. Que sont ces éminences, auxquelles la philosophie traditionnelle a recours en toute occasion? C'est chose difficile à déterminer. Perfection! perfection!—Oui, mais en quoi consiste-t-elle au juste, cette perfection? Voilà ce qu'il faudrait dire; et c'est peut-être indicible à l'homme, car ce que nous savons des choses et surtout de leur fond n'est presque rien en face de ce que nous ignorons.]

[Note 370: *Théod.*, § 7, p. 506a.]

39. Or cette substance étant une raison suffisante de tout ce détail, lequel aussi est lié par tout, *il n'y a qu'un Dieu, et ce Dieu suffit.*

40. On peut juger aussi que cette substance suprême qui est unique, universelle et nécessaire, n'ayant rien hors d'elle qui en soit indépendent, et

étant une suite simple de l'être possible, doit être incapable de limites et contenir tout autant de réalité qu'il est possible[371].

[Note 371: V. *sup.*, p. 64, l'explication de cette proposition importante. Le mérite de Leibniz n'est pas d'avoir résolu le problème de la possibilité de l'Être infini; c'est de l'avoir posé. Kant viendra plus tard, qui reprendra la question et mettra en lumière toutes les difficultés qu'elle enveloppe. Et ces difficultés, les voici en quelques mots: 1° La réalisation d'un infini, quel qu'il soit, est-elle possible? N'implique-t-elle pas contradiction? 2° et, par là-même, peut-il y avoir un nombre infini d'infinis? 3° Ce nombre infini d'infinis, à supposer qu'il soit possible en lui-même, implique-t-il les conditions voulues pour se ramasser en un sujet unique, vivant et conscient, qui corresponde à l'idéal que nous portons en nous?]

41. D'où il s'ensuit, que Dieu est absolument parfait, la *perfection* n'étant autre chose, que la grandeur de la réalité positive prise précisément, en mettant à part les limites ou bornes dans les choses qui en ont[372]. Et là, où il n'y a point de bornes, c'est-à-dire en Dieu, la perfection est absolument infinie[373].

[Note 372: Si l'infini est l'acte plein du possible, il enferme tout ce qui existe, la matière comme la pensée; et telle est la conclusion que tire Spinoza avec son impitoyable logique. Mais cette conclusion redoutable, Leibniz l'a prévue, et il y échappe par sa théorie de la matière. Par là même, selon lui, que Dieu est la réalisation pleine du possible, il est acte pur, pensée pure; et de cette sorte le concept de l'infini n'enveloppe pas la matière; il l'exclut. Mais la réponse vaut ce que vaut l'idée que Leibniz s'est faite de la matière elle-même, et cette idée n'est qu'une hypothèse. Il faut donc encore «perfectionner» pour aboutir.

[Note 373: Préf., 4, *a*, p. 469a.]

42. Il s'ensuit aussi que les créatures ont leurs perfections de l'influence de Dieu, mais qu'elles ont leurs imperfections de leur nature propre, incapable d'être sans bornes. Car c'est en cela qu'elles sont distinguées de Dieu[374]. Cette *imperfection originale* des créatures se remarque dans l'*inertie naturelle* des corps[375].

[Note 374: *Théod.*, § 20, p. 510a;—*Ibid.*, § 27-31, p. 511b-513: «Quelques-uns ont cru avec le célèbre Durand de S-Portien et le cardinal Aureolus Scolastique fameux, que le concours de Dieu avec la créature (j'entends le concours physique) n'est que général et médiat; et que Dieu crée les substances, et leur donne la force dont elles ont besoin; et qu'après cela, il les laisse faire, et ne fait que les conserver, sans les aider dans leurs actions. Cette opinion a été réfutée par la plupart des scolastiques, et il paraît qu'on l'a désapprouvée autrefois dans Pelage...» Il faut considérer «que l'action de Dieu conservant doit avoir du rapport à ce qui est conservé, *tel qu'il est, et selon l'état où il est*; ainsi elle ne saurait être générale ou indéterminée. Ces généralités sont des abstractions qui ne se trouvent point dans la vérité des choses singulières, et la conservation d'un homme debout est différente de la conservation d'un homme assis... Il faut savoir que la conservation de Dieu consiste dans cette influence immédiate perpétuelle, que la *dépendance des créatures demande*. Cette dépendance a lieu à l'égard non seulement de la substance, mais encore de l'action, et on ne saurait peut-être l'expliquer mieux, qu'en disant avec le commun des théologiens et des philosophes, que c'est une création continuée.»

«On objectera que Dieu crée donc maintenant l'homme péchant, lui qui l'a créé innocent d'abord...»

«C'est ici qu'il faut considérer cette vérité, qui a fait déjà tant de bruit dans les écoles, depuis que saint Augustin l'a fait valoir, que le mal est une *privation* de l'être; au lieu que l'action de Dieu va au *positif*...»

«Dieu donne toujours à la créature, et produit continuellement ce qu'il y a en elle de positif, de bon et de parfait, tout don parfait venant du Père des lumières; au lieu que les imperfections et les défauts des actions viennent de la *limitation originale*, que la créature n'a pu manquer de recevoir avec la première limitation de son être, par les raisons idéales qui la bornent.»—*Ibid.*, § 153, p. 549b-550a;—*Ibid.*, § 167, p. 553b-554a;—*Ibid.*, § 377 et sqq., p. 613b.]

[Note 375: Cette dernière phrase est tirée du texte de M. Boutroux, *la Monadologie de Leibniz*, Paris, 1896.]

43. Il est vrai aussi, qu'en Dieu est non seulement la source des existences mais encore celle des essences, en tant que réelles, ou de ce qu'il y a de réel dans la possibilité[376]. C'est parce que l'entendement de Dieu est la région des vérités éternelles, ou des idées dont elles dépendent, et que sans lui il n'y aurait rien de réel dans les possibilités, et non seulement rien d'existant, mais encore rien de possible[377].

[Note 376: Ici Leibniz aborde les preuves *a priori*; il en donne deux: la première a pour point de départ la *nécessité qu'enveloppe le possible*; la seconde ressort de l'analyse *de l'idée même de Dieu*, que nous portons originairement au-dedans de nous-mêmes.]

[Note 377: § 20, p. 509b-510a;—V. *sup.*. p. 65-66.]

44. Cependant il faut bien que s'il y a une réalité dans les Essences ou possibilités, ou bien dans les vérités éternelles, cette réalité soit fondée en quelque chose d'existant et d'actuel, et par conséquent dans l'existence de l'Être nécessaire, dans lequel l'essence renferme l'existence, ou dans lequel il suffit d'être possible pour être actuel[378].

[Note 378: *Théod.*, § 184, p. 561b;—*Ibid.*, § 189, p. 562b;— *Ibid.*, § 335, p. 601b.]

45. Ainsi Dieu seul (ou l'Être nécessaire) a ce privilège, qu'il faut qu'il existe, s'il est possible. Et comme rien ne peut empêcher la possibilité de ce qui n'enferme aucunes bornes, aucune négation et par conséquence aucune contradiction, cela seul suffit pour connaître l'Existence de Dieu *a priori*[379]. Nous l'avons prouvée aussi par la réalité des vérités éternelles. Mais nous venons de la prouver aussi *a posteriori* puisque des êtres contingents existent, lesquels ne sauraient avoir leur raison dernière ou suffisante que dans l'Être nécessaire, qui a la raison de son existence en lui-même[380].

[Note 379: V. *sup.*, p. 64-65, l'exposition de cet argument. Leibniz le renouvelle de deux façons: 1° en essayant de montrer la possibilité de l'Être infini; 2° en s'appuyant sur la nature des possibles, qui enveloppent, d'après lui, une tendance essentielle à l'existence effective.]

[Note 380: Leibniz résume ici sa démonstration de l'existence de Dieu, en indiquant les deux sources très distinctes auxquelles il l'a puisée.]

46. Cependant il ne faut point s'imaginer avec quelques-uns, que les vérités éternelles étant dépendantes de Dieu, sont arbitraires et dépendent de sa volonté, comme Des Cartes paraît l'avoir pris et puis Monsieur Poiret. Cela n'est véritable que des vérités contingentes dont le principe est la *convenance* ou le choix du *meilleur*, au lieu que les vérités nécessaires dépendent uniquement de son entendement et en sont l'objet interne[381].

[Note 381: *Théod.*, § 180-184, p. 559a-561b;—*Ibid.*, § 185, p. 561b-562a;—*Ibid.*, § 335, p. 601b;—*Ibid.*, § 351, p. 605b-606a: «... M. Bayle a soupçonné que le nombre des dimensions de la matière dépendait du choix de Dieu, comme il a dépendu de lui de faire ou de ne point faire que les arbres produisissent des animaux. En effet, que savons-nous, s'il n'y a point des Globes Planétaires, ou des Terres placées dans quelque endroit plus éloigné de l'Univers, où la fable des Bernacles d'Écosse (oiseaux qu'on disait naître des arbres) se trouve véritable, et s'il n'y a pas même des pays, où l'on pourrait dire:

….. populos umbrosa creavit Fraxinus, et fœta viridis puer excidit almo.

Mais il n'en est pas ainsi des dimensions de la matière: le nombre ternaire est déterminé, non pas par la raison du meilleur, mais par la nécessité géométrique: c'est parce que les géomètres ont pu démontrer qu'il n'y a que trois lignes perpendiculaires qui puissent se couper dans un même point.» Il est intéressant de voir soulever et débattre, en plein XVIIe siècle, cette question de la géométrie à plus de trois dimensions, qui a passionné et passionne encore certains philosophes et mathématiciens de notre temps.—*Ibid.*, § 380, p. 614;—V. *sup.*, p. 54-55.]

47. Ainsi Dieu seul est l'unité primitive ou la substance simple originaire, dont toutes les Monades créées ou dérivatives sont des productions, et naissent, pour ainsi dire, par des fulgurations continuelles de la Divinité de moment en moment, bornées par la réceptivité de la créature à laquelle il est essentiel d'être limitée[382].

[Note 382: *Théod.*, § 382-391, p. 614b et sqq.;—*Ibid.*, § 398, p. 618b;—*Ibid.*, § 395, p. 617b—618a;—*sup.*, p. 119 et 121.]

48. Il y a en Dieu la *Puissance*, qui est la source de tout, puis la *Connaissance*, qui contient le détail des Idées, et enfin la *Volonté*, qui fait les changements ou productions selon le principe du meilleur[383]. Et c'est ce qui répond à ce qui dans les Monades créées fait le sujet ou la base, la faculté perceptive et la faculté appétitive. Mais en Dieu ces attributs sont absolument infinis ou parfaits[384], et dans les Monades créées ou dans les Entéléchies (ou *perfectihabies*, comme Hermolaüs Barbarus traduisait ce mot) ce n'en sont que des imitations à mesure qu'il y a de la perfection.

[Note 383: *Théod.*, § 7, p. 506a: «Cet égard ou rapport d'une substance existante à de simples possibilités ne peut être autre chose que l'acte de la volonté qui choisit. Et c'est la puissance de cette substance, qui en rend la volonté efficace. La puissance va à l'être, la sagesse ou l'entendement au vrai, et la volonté au bien.»—*Ibid.*, § 149-150, p. 548b-549a]

[Note 384: *Théod.*, préf., p. 469a: «Les perfections de Dieu sont celles de nos âmes, mais il les possède sans bornes: il est un Océan, dont nous n'avons reçu que des gouttes: il y a en nous quelque puissance, quelque connaissance, quelque bonté; mais elles sont toutes entières en Dieu. L'ordre, les proportions, l'harmonie nous enchantent, la Peinture et la Musique en sont des échantillons; Dieu est tout ordre, il garde toujours la justesse des proportions, il fait l'harmonie universelle: toute la beauté est un épanchement de ses rayons.» Leibniz humanise non seulement la nature, mais encore la Divinité. Dieu a tout fait selon son image et ressemblance, bien qu'à des degrés infiniment divers.]

49. [385]La créature est dite *agir* au dehors en tant qu'elle a de la perfection, et *pâtir* d'une autre en tant qu'elle est imparfaite. Ainsi l'on attribue l'*action* à la Monade en tant qu'elle a des perceptions distinctes, et la *passion* en tant qu'elle en a de confuses[386].

[Note 385: Leibniz entre ici dans la troisième partie de la *Monadologie*, qui a pour objet l'univers, considéré comme l'œuvre de Dieu. Et du n° 49 au n° 55, il expose les deux principes qui dominent le sujet tout entier, et qui sont les suivants: 1° les monades, en vertu de leur activité exclusivement immanente, ne peuvent avoir qu'une influence *idéale* les unes sur les autres; 2° Dieu, en vertu de sa sagesse et de sa bonté, ne peut choisir, dans l'infinité des univers possibles, que celui qui réunit le plus de perfection.]

[Note 386: *Théod.*, § 32, p. 513a;—*Ibid.*, § 66, p. 521a: «Entant que l'âme a de la perfection, et des pensées distinctes, Dieu a accommodé le corps à l'âme, et a fait par avance que le corps est poussé à exécuter ses ordres: et entant que l'âme est imparfaite, et que ses perceptions sont confuses, Dieu a accommodé l'âme au corps, en sorte que l'âme se laisse incliner par les passions qui naissent des représentations corporelles: ce qui fait le même effet, et la même apparence, que si l'un dépendait de l'autre immédiatement, et par le moyen d'une influence physique.»—*Ibid.*, § 386, p. 615.]

50. Et une créature est plus parfaite qu'une autre en ce, qu'on trouve en elle ce qui sert à rendre raison *a priori* de ce qui se passe dans l'autre, et c'est par là, qu'on dit, qu'elle agit sur l'autre[387].

[Note 387: *Théod.*, p. 521a, 66.]

51. Mais dans les substances simples ce n'est qu'une influence idéale d'une Monade sur l'autre, qui ne peut avoir son effet que par l'intervention de Dieu, en tant que dans les idées de Dieu une Monade demande avec raison, que Dieu en réglant les autres dès le commencement des choses, ait égard à elle. Car puisqu'une Monade créée ne saurait avoir une influence physique sur l'intérieur de l'autre, ce n'est que par ce moyen, que l'une peut avoir de la dépendance de l'autre[388].

> [Note 388: *Théod.*, § 9, p. 506b: «Chaque chose a contribué *idéalement* avant son existence à la résolution qui a été prise sur l'existence de toutes les choses.»—*Ibid.*, § 54, p. 518a— *Ibid.*, § 65-66, p. 521a;—*Ibid.*, § 201, p. 565b;—*Ibid.*, *Abrégé*, Object, 3, p. 625b-626;—*Syst. nouv. de la nature*, p. 127, 14;— V. *sup.*, p. 17 et sqq.]

52. Et c'est par là, qu'entre les créatures les actions et passions sont mutuelles. Car Dieu, comparant deux substances simples, trouve en chacune des raisons, qui l'obligent à y accommoder l'autre; et par conséquent ce qui est actif à certains égards, est passif suivant un autre point de considération: *actif* en tant, que ce qu'on connaît distinctement en lui, sert à rendre raison de ce qui se passe dans un autre, et *passif* en tant, que la raison de ce qui se passe en lui, se trouve dans ce qui se connaît distinctement dans un autre[389].

[Note 389: *Théod.*, § 66, p. 521a.]

53. Or, comme il y a une infinité d'univers possibles dans les Idées de Dieu et qu'il n'en peut exister qu'un seul, il faut qu'il y ait une raison suffisante du choix de Dieu, qui le détermine à l'un plutôt qu'à l'autre[390].

> [Note 390: *Théod.*, § 8, p. 506a: «Cette suprême sagesse, jointe à une bonté qui n'est pas moins infinie qu'elle, n'a pu manquer de choisir le meilleur.»—*Ibid.*, § 10, p. 506b-507a;— *Ibid.*, § 44, p. 515b-516a;—*Ibid.*, § 173, p. 557;—*Ibid.*, § 196 et sqq., p. 564a;—*Ibid.*, § 225, p. 573a;—*Ibid.*, § 414-416, p. 622b—623.]

54. Et cette raison ne peut se trouver que dans la *convenance*, dans les degrés de perfection, que ces Mondes contiennent, chaque possible ayant droit de prétendre à l'existence à mesure de la perfection qu'il enveloppe[391].

> [Note 391: *Théod.*, § 74, p. 522b;—*Ibid.*, § 167, p. 553b-554a;—*Ibid.*, § 350, p. 605a-605b;—*Ibid.*, § 201, p. 565b-566a. «L'on peut dire qu'aussitôt que Dieu a décerné de créer quelque chose, il y a un combat entre tous les possibles, tous prétendants à existence, et que ceux qui joints ensemble produisent le plus de *réalité*, le plus de *perfection*, le plus

d'*intelligibilité* l'emportent. Il est vrai que ce combat ne peut être qu'idéal, c'est-à-dire il ne peut être qu'un conflit de raisons dans l'entendement le plus parfait; qui ne peut manquer d'agir de la manière la plus parfaite, et par conséquent de choisir le mieux.»—*Ibid.*, § 130, p. 541;—*Ibid.*, § 352, p. 606;—*Ibid.*, § 345, p. 604a;—*Ibid.*, § 354, p. 607a— V. *sup.*, p. 121-123.]

55. Et c'est ce qui est la cause de l'existence du Meilleur, que la sagesse fait connaître à Dieu, que sa bonté le fait choisir, et que sa puissance le fait produire[392].

[Note 392: *Théod.*, § 8, p. 506;—*Ibid.*, § 78, p. 523b—524a;— *Ibid.*, § 80, p. 524;—*Ibid.*, § 84, p. 525;—*Ibid.*, § 119, p. 535;— *Ibid.*, § 204, p. 566;—*Ibid.*, § 206, p. 567;—*Ibid.*, § 208, p. 568a;—*Ibid.*, *Abrégé*, object. 1, object. 8, p. 624a et 628a.]

56. [393]Or cette *liaison* ou cet accommodement de toutes les choses créées à chacune, et de chacune à toutes les autres, fait que chaque substance simple a des rapports qui expriment toutes les autres, et qu'elle est par conséquent un miroir vivant perpétuel de l'univers[394].

[Note 393: Les principes précédents une fois posés, Leibniz pénètre dans le cœur de la question et détermine successivement: Quel est, d'après sa théorie, le rapport du simple au simple (Prop. 56-60); quel est le rapport du composé au composé (Prop. 61); et quel est le rapport du simple au composé (Prop. 62-81).]

[Note 394: *Théod.*, § 130, p. 541;—*Ibid.*, § 360, p. 608;—*Syst. nouv. de la nature*, p. 127b, 14: «Et c'est ce qui fait que chacune de ces substances, représentant exactement tout l'Univers à sa manière, et suivant un certain point de vue; et les perceptions ou expressions des choses externes arrivant à l'âme à point nommé, en vertu de ses propres loix, comme dans le monde à part, et comme s'il n'existait rien que Dieu et elle, (pour me servir de la manière de parler d'une certaine personne d'une grande élévation d'esprit, dont la sainteté est célébrée); il y aura un parfait accord entre toutes ces substances, qui fait le même effet qu'on remarquerait si elles communiquaient ensemble par une transmission des espèces, ou des qualités que le vulgaire des philosophes imagine.»— *Réplique aux réflexions de Bayle*, p. 185b;—V. *sup.*, p. 19 et sqq.]

57. Et comme une même ville regardée de différents côtés paraît toute autre et est comme multipliée perspectivement; il arrive de même, que par la

multitude infinie des substances simples, il y a comme autant de différents univers, qui ne sont pourtant que les perspectives d'un seul selon les différents points de vue de chaque Monade[395].

> [Note 395: *Principes de la nature et de la grâce*, p. 717a, 12: «Il suit encore de la perfection de l'Auteur suprême, que non seulement l'ordre de l'univers entier est le plus parfait qui se puisse, mais aussi que chaque miroir vivant représentant l'univers suivant son point de vue, c'est-à-dire, que chaque *Monade*, chaque *centre substantiel*, doit avoir ses perceptions et ses appétits les mieux réglés qu'il est compatible avec tout le reste.»]

58. Et c'est le moyen d'obtenir autant de variété qu'il est possible, mais avec le plus grand ordre qui se puisse, c'est-à-dire c'est le moyen d'obtenir autant de perfection qu'il se peut[396].

> [Note 396: *Théod.*, § 120, p. 536b-537b;—*Ibid.*, § 124, p. 539a—540a;—*Ibid.*, § 241 et sqq., p. 577;—*Ibid.*, § 214, p. 570;—*Ibid.*, § 243, p. 577b-578a;—*Ibid.*, § 275, p. 586b. Tontes ces références portent sur le problème du mal que suggère tout naturellement la théorie du meilleur des mondes.—V. aussi *sup.*, p. 72 et sqq.]

59. Aussi n'est-ce que cette hypothèse (que j'ose dire démontrée) qui relève, comme il faut, la grandeur de Dieu[397]; c'est ce que Monsieur Bayle reconnut lorsque, dans son Dictionnaire (article *Rorarius*), il y fit des objections, où même il fut tenté de croire, que je donnais trop à Dieu, et plus qu'il n'est possible[398]. Mais il ne put alléguer aucune raison pourquoi cette harmonie universelle, qui fait que toute substance exprime exactement toutes les autres par les rapports qu'elle y a, fût impossible[399].

[Note 397: *Réplique aux réflexions de Bayle*, p. 186a.]

> [Note 398: Dans une note de l'article *Rorarius*, Bayle adresse deux critiques à Leibniz. Il prétend d'abord que le système de l'harmonie préétablie n'est qu'une autre forme de l'occasionnalisme. «La vertu interne et active, dit-il, communiquée aux formes des corps, selon M. Leibnitz, connaît-elle la suite d'actions qu'elle doit produire? Nullement; car nous savons par expérience que nous ignorons si, dans une heure, nous aurons telles ou telles perceptions; il faudrait donc que les formes fussent dirigées par quelque principe externe dans la production de leurs actes. Cela ne serait-il pas le *Deus ex machina*, tout de même que dans le système des causes occasionnelles?»—V. aussi

Théod., p. 619b, 402. En second lieu, Bayle observe que, dans la théorie leibnizienne, le corps ne sert de rien, puisque l'âme se développe d'elle-même, comme s'il n'y en avait pas.]

[Note 399: *Syst. nouv. de la nature*, p. 127, 15.]

60. On voit d'ailleurs dans ce que je viens de rapporter, les Raisons *a priori* pourquoi les choses ne sauraient aller autrement. Parce que Dieu en réglant le tout a un égard à chaque partie, et particulièrement à chaque Monade, dont la nature étant représentative, rien ne la saurait borner à ne représenter qu'une partie des choses[400]; quoiqu'il soit vrai, que cette représentation n'est que confuse dans le détail de tout l'univers, et ne peut être distincte que dans une petite partie des choses, c'est-à-dire dans celles, qui sont ou les plus prochaines ou les plus grandes par rapport à chacune des Monades; autrement chaque Monade serait une Divinité. Ce n'est pas dans l'objet, mais dans la modification de la connaissance de l'objet, que les Monades sont bornées. Elles vont toutes confusément à l'infini, au tout, mais elles sont limitées et distinguées par les degrés des perceptions distinctes[401].

> [Note 400: Il y a une raison pour que les Monades créées aient des idées confuses: c'est la résistance de la matière. Mais il n'y en a pas pour que leur vue soit limitée à telle zone de l'univers plutôt qu'à telle autre. Et, par conséquent, il faut, en vertu de la loi du meilleur, qu'elles enveloppent le monde entier dans le champ de leurs représentations (V. sur ce point *Réplique aux réflexions de Bayle*, p. 187).]

> [Note 401: Le raisonnement que fait Leibniz du n° 56 au n° 60 est le suivant: Le meilleur des mondes est aussi le plus beau. Et le plus beau des mondes est celui qui a le plus de réalité avec le plus d'unité et de variété. Or ces conditions se trouvent réalisées, si chaque monade connaît l'univers d'un point de vue spécial; car alors on a un nombre infini de représentations infiniment variées d'un seul et même objet, qui est le monde entier.]

61. Et les composés symbolisent en cela avec les simples[402]. Car comme tout est plein, ce qui rend toute la matière liée, et comme dans le plein tout mouvement fait quelque effet sur les corps distans à mesure de la distance, de sorte que chaque corps est affecté non seulement par ceux qui le touchent, et se ressent en quelque façon de tout ce qui leur arrive, mais aussi par leur moyen se ressent de ceux qui touchent les premiers dont il est touché immédiatement:—il s'ensuit, que cette communication va à quelque distance que ce soit. Et par conséquent tout corps se ressent de tout ce qui se fait dans l'univers; tellement que celui, qui voit tout, pourrait lire dans chacun ce qui se fait partout et même ce qui s'est fait ou se fera, en

remarquant dans le présent ce qui est éloigné, tant selon les tems que selon les lieux: σύμπνοια πάντα, disait Hippocrate[403]. Mais une âme ne peut lire en elle-même que ce qui y est représenté distinctement; elle ne saurait développer tout d'un coup tous ses replis, car ils vont à l'infini.

[Note 402: *Symboliser*, pris au neutre, est un vieux mot qui signifie: avoir du rapport avec.]

[Note 403: Ce n'est point de l'univers qu'il s'agit ici; car l'univers ne comprend par lui-même que des substances simples, intangibles et closes. Leibniz veut parler de la représentation de l'univers. C'est seulement en nous qu'il y a du composé. Les agrégats ont une existence toute *phénoménale*.]

62. Ainsi quoique chaque Monade créée représente tout l'univers, elle représente plus distinctement le corps, qui lui est affecté particulièrement et dont elle fait l'Entéléchie; et comme ce corps exprime tout l'univers par la connexion de toute la matière dans le plein[404], l'âme représente aussi tout l'univers en représentant ce corps, qui lui appartient d'une manière particulière[405].

[Note 404: C'est ce qu'exprime la proposition précédente: «Tout corps, y est-il dit, se ressent de tout ce qui se fait dans l'univers; tellement que celui, qui voit tout, pourrait lire dans chacun ce qui se fait partout, et même ce qui s'est fait et se fera, en remarquant dans le présent ce qui est éloigné, tant selon les tems que selon les lieux.»]

[Note 405: *Théod.*, § 400, p. 618[1]b-619a.—Ainsi «on pourrait connaître la beauté de l'Univers dans chaque âme, si l'on pouvait déplier tous ses replis, qui ne se développent sensiblement qu'avec le tems» (*Principes de la nature et de la grâce*, p. 717a, 13). Par contre, «tout ce que l'ambition, ou autre passion fait faire à l'âme de César, est aussi représenté dans son corps: et tous les mouvements de ces passions viennent des impressions des objets joints aux mouvements internes; et le corps est fait en sorte que l'âme ne prend jamais de résolution que les mouvements du corps ne s'y accordent, les raisonnements même les plus abstraits y trouvant leur jeu, par le moyen des caractères qui les représentent a l'imagination» (*Réplique aux réflexions de Bayle*, p. 185).—V. *sup.*, p. 19-22.]

63. Le corps appartenant à une Monade, qui en est l'Entéléchie ou l'Âme, constitue avec l'Entéléchie ce qu'on peut appeler un *vivant*, et avec l'âme ce

qu'on appelle un *animal*. Or ce corps d'un vivant ou d'un animal est toujours organique; car toute Monade étant un miroir de l'univers à sa mode, et l'univers étant réglé dans un ordre parfait, il faut qu'il y ait aussi un ordre dans le représentant, c'est-à-dire dans les perceptions de l'âme et par conséquent dans le corps, suivant lequel l'univers y est représenté[406].

> [Note 406: *Théod.*, § 403, 619b-620a.—Il faut qu'il y ait un ordre dans l'assemblage des parties du corps, puisqu'il y en a un dans la représentation que l'âme se fait de l'univers. Le corps est donc organisé. Il l'est toujours; et plus son organisation est parfaite, plus l'âme, comme on l'a vu à la proposition 28, s'élève aisément du confus au distinct.]

64. Ainsi chaque corps organique d'un vivant est une espèce de Machine divine, ou d'un automate naturel, qui surpasse infiniment tous les automates artificiels. Parce qu'une Machine, faite par l'art de l'homme, n'est pas Machine dans chacune de ses parties, par exemple la dent d'une roue de laiton a des parties ou fragmens, qui ne nous sont plus quelque chose d'artificiel et n'ont plus rien qui marque de la machine par rapport à l'usage, où la roue était destinée. Mais les machines de la nature, c'est-à-dire les corps vivans, sont encore machines dans leurs moindres parties jusqu'à l'infini[407].

> [Note 407: Un organisme donné enveloppe une infinité de petits organismes, dont chacun à son tour en enveloppe une infinité d'autres, et ainsi de suite, sans qu'on puisse jamais trouver, comme dans une roue de laiton, des fragments qui soient bruts, c'est-à-dire dépourvus de toute marque de finalité.]

C'est ce qui fait la différence entre la Nature et l'Art, c'est-à-dire, entre l'art Divin et le nôtre[408].

> [Note 408: *Théod.*, § 134, p. 543b-544a;—*Ibid.*, § 146, p. 547b;—*Ibid.*, § 194, p. 563b;—*Ibid.*, *ƒ* 403, p. 610b-620a.]

65. Et l'auteur de la nature a pu practiquer cet artifice Divin et infiniment merveilleux, parce que chaque portion de la matière n'est pas seulement divisible à l'infini, comme les anciens l'ont reconnu, mais encore sous-divisée actuellement sans fin, chaque partie en parties, dont chacune a quelque mouvement propre: autrement il serait impossible que chaque portion de la matière pût exprimer tout l'univers[409].

> [Note 409: V. *Prélim.* (disc. d. l. conformité…), § 70, p. 498b-499a;—*Théod.*, § 195, p. 564. «Il y a une infinité de créatures dans la moindre parcelle de la matière, à cause de la division actuelle du continuum à l'infini.»

Leibniz donne ici la preuve de l'infinité des organismes que contient chaque corps; et voici en quoi elle consiste: Tout corps est organique; et la raison, c'est que le corps est le moyen dont l'âme se sert pour se représenter l'univers qui est *ordonné*. D'autre part, tout corps comprend un nombre infini de parties actuelles. C'est ce que fait voir la *divisibilité* de toute portion de matière à l'infini; car on ne divise que ce qui a déjà des parties actuelles. C'est aussi ce que révèle le *rapport* que soutient toute portion de la matière avec le reste de l'univers. En effet, comme on l'a vu plus haut (prop. 60), toute portion de la matière exprime l'univers qui est infini; or comment pourrait-elle l'exprimer, si elle n'avait elle-même un nombre infini d'éléments? Il faut donc bien que tout organisme enveloppe une infinité d'autres organismes.—V. *sup.*, p. 13 et sqq., p. 19-22.—V. aussi la modification apportée à cette thèse de l'*infinité actuelle* par Ch. Renouvier, *Nouv. Monadologie*, pp. 2, 13, 15, 16, Paris, 1899.]

66. Par où l'on voit, qu'il y a un Monde de Créatures, de vivans, d'animaux, d'Entéléchies, d'âmes dans la moindre partie de la matière.

67. Chaque portion de la matière peut être conçue comme un jardin plein de plantes, et comme un étang plein de poissons. Mais chaque rameau de la plante, chaque membre de l'animal, chaque goutte de ses humeurs est encore un tel jardin ou un tel étang.

68. Et quoique la terre et l'air interceptés entre les plantes du jardin, ou l'eau interceptée entre les poissons de l'étang, ne soient point plante ni poisson, ils en contiennent pourtant encore, mais le plus souvent d'une subtilité à nous imperceptible.

69. Ainsi il n'y a rien d'inculte, de stérile, de mort dans l'univers, point de chaos, point de confusions qu'en apparence; à peu près comme il en paraîtrait dans un étang à une distance, dans laquelle on verrait un mouvement confus et grouillement pour ainsi dire de poissons de l'étang, sans discerner les poissons mêmes[410].

[Note 410: *Préf.* ***, 5, *b* *** *b*, p. 475b, p. 477b.]

70. On voit par là, que chaque corps vivant a une Entéléchie dominante qui est l'âme dans l'animal; mais les membres de ce corps vivant sont pleins d'autres vivans, plantes, animaux, dont chacun a encore son Entéléchie ou son âme dominante[411].

[Note 411: *Principes de la nature et de la grâce*, p. 714b: «Chaque substance simple ou *Monade*, qui fait le centre d'une substance composée, (comme par exemple, d'un animal) et le principe de son *unicité*, est environnée d'une *masse* composée par une infinité d'autres *Monades*, qui constituent le *corps propre* de cette *Monade centrale*, suivant les affections duquel elle représente, comme dans une manière de centre, les choses qui sont hors d'elle.» Il s'agit ici du corps, considéré d'une manière absolue, ou plutôt de son fondement dans la réalité des choses extérieures; et non du corps proprement dit, qui, pour Leibniz, n'est qu'un phénomène «comme l'arc-en-ciel».—(V. *sup.*, p. 22.)]

71. Mais il ne faut point s'imaginer avec quelques-uns, qui avaient mal pris ma pensée, que chaque âme a une masse ou portion de la matière propre ou affectée à elle pour toujours, et qu'elle possède par conséquent d'autres vivans inférieurs, destinés toujours à son service. Car tous les corps sont dans un flux perpétuel comme des rivières, et des parties y entrent et en sortent continuellement.

72. Ainsi l'Âme ne change de corps que peu à peu et par degrés, de sorte qu'elle n'est jamais dépouillée tout d'un coup de tous ses organes; et il y a souvent métamorphose dans les animaux, mais jamais Métempsychose, ni transmigration des Âmes[412]: il n'y a pas non plus des *âmes* tout à fait *séparées*, ni de génies sans corps. Dieu seul en est détaché entièrement[413].

[Note 412: V. *Sup.*, p. 147, notes.]

[Note 413: *Théod.*, § 90, p. 527b;—*Ibid.*, § 124, p. 540a;—V. *sup.*, p. 147, notes.]

73. C'est ce qui fait aussi qu'il n'y a jamais ni génération entière, ni mort parfaite prise à la rigueur, consistant dans la séparation de l'âme. Et ce que nous appelons *générations* sont des développements et des accroissements; comme ce que nous appelons *morts*, sont des enveloppements et des diminutions.

74. Les philosophes ont été fort embarrassés sur l'origine des formes, Entéléchies ou Âmes: mais aujourd'hui lorsqu'on s'est aperçu par des recherches exactes, faites sur les plantes, les insectes et les animaux, que les corps organiques de la nature ne sont jamais produits d'un Chaos ou d'une putréfaction, mais toujours par des semences, dans lesquelles il y avait sans doute quelque *préformation*, on a jugé que non seulement le corps organique y était déjà avant la conception, mais encore une âme dans ce corps et en un mot l'animal même, et que par le moyen de la conception cet animal a été seulement disposé à une grande transformation pour devenir un animal d'une autre espèce. On voit même quelque chose d'approchant hors de la génération, comme lorsque les vers deviennent mouches et que les chenilles deviennent papillons[414].

[Note 414: *Théod.*, § 86, p. 526a;—*Ibid.*, § 89, p. 527a;—*Préf.* ***, 5. *b* et sqq., p. 475-476;—*Théod.*, § 90, p. 527;—*Ibid.*, § 187-188, p. 562;—*Ibid.*, § 403, p. 619—620a;—*Ibid.*, § 397, p. 618.]

75. Les *animaux*, dont quelques uns sont élevés au degré de plus grands animaux par le moyen de la conception, peuvent être appelés *spermatiques*; mais ceux d'entre eux qui demeurent dans leur espèce, c'est-à-dire la plupart, naissent, se multiplient et sont détruits comme les grands animaux, et il n'y a qu'un petit nombre d'élus, qui passe à un plus grand théâtre[415].

[Note 415: *Principes de la nature et de la grâce*, p. 715b, 6: «Les recherches des modernes nous ont appris, et la raison l'approuve, que les vivants dont les organes nous sont connus, c'est-à-dire, les plantes et les animaux, ne viennent point d'une putréfaction ou d'un chaos, comme les anciens l'ont cru, mais de semences *préformées*, et par conséquent, de la transformation des vivans préexistans. Il y a de petits animaux dans les semences des grands, qui, par le moyen de la conception, prennent un revêtement nouveau qu'ils s'approprient et qui leur donne moyen de se nourrir et de s'aggrandir, pour passer sur un plus grand théâtre, et faire la propagation du grand animal. Il est vrai que les âmes des animaux spermatiques humains ne sont point raisonnables, et ne le deviennent que lorsque la conception détermine ces animaux à la nature humaine. Et comme les animaux généralement ne naissent point entièrement dans la conception ou *génération*, ils ne périssent pas entièrement non plus dans ce que nous appelons *mort*; car il est raisonnable, que ce qui ne commence pas naturellement, ne finisse pas non plus dans l'ordre de la Nature. Ainsi, quittant leur masque ou leur guenille, ils retournent seulement à un théâtre plus subtil, où ils peuvent pourtant être aussi sensibles et aussi bien réglés que dans le plus grand. Et ce qu'on vient de dire des grands animaux a encore lieu dans la génération et la mort des animaux spermatiques plus petits, à proportion desquels ils peuvent passer pour grands; car tout va à l'infini dans la nature.» Leibniz cherche partout les éléments infinitésimaux, en psychologie et en physiologie, comme en mathématiques; et partout il tire de cette recherche des idées fécondes.]

76. Mais ce n'était que la moitié de la vérité: j'ai donc jugé, que si l'animal ne commence jamais naturellement, il ne finit pas naturellement non plus; et que non seulement il n'y aura point de génération, mais encore point de

destruction entière ni mort prise à la rigueur. Et ces raisonnements faits *a posteriori* et tirés des expériences s'accordent parfaitement avec mes principes déduits *a priori* comme ci-dessus[416].

[Note 416: *Théod.*, § 90, p. 527.]

77. Ainsi on peut dire que non seulement l'âme (miroir d'un univers indestructible) est indestructible, mais encore l'animal même, quoique sa machine périsse souvent en partie et quitte ou prenne des dépouilles organiques.

78. Ces principes m'ont donné moyen d'expliquer naturellement l'union, ou bien la conformité, de l'âme et du corps organique. L'âme suit ses propres loix, et le corps aussi les siennes; et ils se rencontrent en vertu de l'harmonie préétablie entre toutes les substances, puisqu'elles sont toutes les représentations d'un même univers[417].

> [Note 417: *Préf.* ***, *b*, p. 475;—*Théod.*, § 340, p. 602b-603a;—*Ibid.*, 352-353-358, p. 606a—608a.—Réplique aux réflexions de Bayle, p. 185b: «Mais outre les principes, qui établissent les *Monades*, dont les composés ne sont que les résultats, l'expérience interne réfute la doctrine Épicurienne; c'est la conscience qui est en nous de ce *Moi* qui s'aperçoit des choses qui se passent dans le corps; et la perception ne pouvant être expliquée par les figures et les mouvements, établit l'autre moitié de mon hypothèse, et nous oblige d'admettre en nous une *substance indivisible*, qui doit être la source de ses phénomènes. De sorte que, suivant cette seconde moitié de mon hypothèse, tout se fait dans l'âme, comme s'il n'y avait point de corps; de même que selon la première tout se fait dans le corps, comme s'il n'y avait point d'âmes.» Encore ici, Leibniz parle des agrégats de monades qui fondent le corps, non du corps lui-même qui n'est qu'un phénomène, et qui, par conséquent, tient aux limites de l'activité de l'âme.—V. aussi *sup.*, p. 19-22.]

79. Les âmes agissent selon les loix des causes finales par appétitions, fins et moyens. Les corps agissent selon les loix des causes efficientes ou des mouvemens. Et les deux règnes, celui des causes efficientes et celui des causes finales sont harmoniques entre eux[418].

> [Note 418: *Principes de la nature et de la grâce*, p. 714b, 3: «Les perceptions dans la Monade naissent les unes des autres par les loix des appétits, ou des causes *finales du Bien et du Mal,* qui consistent dans les perceptions remarquables, réglées ou déréglées, comme les changements des corps, et les

phénomènes au dehors, naissent les uns des autres par les loix des *causes efficientes*, c'est-à-dire, des mouvements. Ainsi il y a une harmonie parfaite entre les perceptions de la *Monade*, et les mouvements des corps, préétablie d'abord entre le système des causes efficientes, et celui des causes finales. Et c'est en cela que consiste l'accord et l'union physique de l'âme et du corps, sans que l'un puisse changer les loix de l'autre.»]

80. Des Cartes a reconnu, que les âmes ne peuvent point donner de la force aux corps, parce qu'il y a toujours la même quantité de force dans la matière. Cependant il a cru que l'âme pouvait changer la direction des corps. Mais c'est parce qu'on n'a point su de son tems la loi de la nature, qui porte encore la conservation de la même direction totale dans la matière. S'il l'avait remarquée, il serait tombé dans mon système de l'Harmonie préétablie[419].

[Note 419: *Préf.* ****_. p. 477a;—*Théod.*, § 22, p. 510;—*Ibid.*, § 59, p. 519; *Ibid.*, § 60, 61, 62, 66, p. 519b-521a;—*Ibid.*, § 345-346 et sqq.; p. 604;—*Ibid.*, § 354-355, p. 607.—*Sup.*, p. 32-34.—Ce qu'il y a de permanent dans l'univers, d'après Leibniz, ce n'est point le mouvement (*mv*), comme le voulait Descartes; c'est la force vive (*mv2*). Chacun sait combien l'on a bataillé à notre époque sur le rapport de l'*activité mentale à la mécanique*; et tout ce qui paraît résulter de tant d'ardentes et pénétrantes discussions, c'est qu'il y «a quelque chose de constant dans l'activité des corps». La question n'est donc pas tranchée: *adhuc sub judice lis est*. (V. Fonsegrive, *Essai sur le libre arbitre*, p. 280 et sqq., Alcan, Paris; Clodius Piat, *la Liberté*, t. I, p. 108 et sqq., Lethielleux, Paris, 1894; M. Couailhac, *la Liberté et la Conservation de l'énergie*, p. 118-155, V. Lecoffre, Paris, 1897. On trouvera dans ces ouvrages le résumé des débats.)]

81. Ce système fait, que les corps agissent comme si (par impossible) il n'y avait point d'Âmes, et que les Âmes agissent comme s'il n'y avait point de corps, et que tous deux agissent comme si l'un influait sur l'autre.

82. Quant aux *Esprits* ou Âmes raisonnables, quoique je trouve qu'il y a dans le fond la même chose dans tous les vivans et animaux, comme nous venons de dire, (savoir que l'Animal et l'Âme ne commencent qu'avec le monde et ne finissent pas non plus que le monde),—il y a pourtant cela de particulier dans les Animaux raisonnables, que leurs petits Animaux spermatiques tant qu'ils ne sont que cela, ont seulement des âmes ordinaires ou sensitives: mais dès que ceux, qui sont élus, pour ainsi dire, parviennent

par une actuelle conception à la nature humaine, leurs Âmes sensitives sont élevées au degré de la raison et à la prérogative des Esprits[420].

[Note 420: *Théod.*, § 91, p. 527b-528a; *Ibid.*, § 397, p. 618.]

83. Entre autres différences qu'il y entre les Âmes ordinaires et les Esprits, dont j'en ai déjà marqué une partie, il y a encore celle-ci, que les âmes en général sont des miroirs vivans ou images de l'univers des créatures, mais que les esprits sont encore images de la Divinité même, ou de l'Auteur même de la nature, capables de connaître le système de l'univers et d'en imiter quelque chose par des échantillons architectoniques[421], chaque esprit étant comme une petite divinité dans son département[422].

[Note 421: *Principes de la nature et de la grâce*, p. 717, 14: «Il (l'esprit) n'est pas seulement un miroir de l'Univers des créatures, mais encore une image de la Divinité. L'esprit n'a pas seulement une perception des ouvrages de Dieu; mais il est même capable de produire quelque chose qui leur ressemble, quoiqu'en petit. Car, pour ne rien dire des merveilles des songes, où nous inventons sans peine, et sans en avoir même la volonté, des choses auxquelles il faudrait penser longtems pour les trouver quand on veille; notre âme est *architectonique* encore dans les actions volontaires, et découvrant les sciences suivant lesquelles Dieu a réglé les choses (*vondere, mensura, numero*), elle imite dans son département, et dans son petit Monde où il lui est permis de s'exercer, ce que Dieu a fait dans le grand.»]

[Note 422: *Théod.*, § 147, p. 548a: «Il (Dieu) le laisse faire en quelque sorte dans son petit département, *ut Spartam quam nactus est ornet*. C'est là où le franc arbitre joue son jeu… L'homme est donc comme un petit dieu dans son propre Monde, ou Microcosme, qu'il gouverne à sa mode: il y fait merveilles quelquefois, et son art imite souvent la nature… Mais il fait aussi de grandes fautes, parce qu'il s'abandonne aux passions, et parce que Dieu l'abandonne à son sens… L'homme s'en trouve mal, à mesure qu'il a tort; mais Dieu, par un art merveilleux, tourne tous les défauts de ces petits Mondes au plus grand ornement de son grand Monde.»
L'homme, comme Dieu, a l'éternel en perspective. L'homme, comme Dieu, fait des inventions, soit en «comparant les possibles», soit par le jet spontané des idées dont son âme est la source; et ces inventions changent peu à peu la surface de la terre qu'il a reçu la mission de conquérir. L'homme, ainsi que Dieu, a pour tendance fondamentale l'amour rationnel

du meilleur; et il s'en approche de plus en plus, à travers ses défections, comme par une série d'arabesques concentriques.]

84. C'est ce qui fait que les esprits sont capables d'entrer dans une manière de société avec Dieu[423], et qu'il est à leur égard non seulement ce qu'un inventeur est à sa machine (comme Dieu l'est par rapport aux autres créatures) mais encore ce qu'un Prince est à ses sujets et même un père à ses enfants[424].

> [Note 423: V. *Syst. nouv, de la nature*, p. 126; *Comment. de anima brutorum*, p. 465b, XV; *Epist. ad Wagnerum*, p. 466b, V. *Principes de la nature et de la grâce*, p. 717b, 15.]

> [Note 424: *Syst. nouv. de la nature*, p. 125a: «C'est pourquoi Dieu gouverne les esprits, comme un Prince gouverne ses sujets, et même comme un père a soin de ses enfans; au lieu qu'il dispose des autres substances, comme un Ingénieur manie ses machines.»]

85. D'où il est aisé de conclure que l'assemblage de tous les Esprits doit composer la *Cité de Dieu*[425], c'est-à-dire le plus parfait État qui soit possible sous le plus parfait des Monarques[426].

> [Note 425: Ce mot, pris de saint Augustin, a, dans la langue de Leibniz, un sens nouveau: il signifie le règne des volontés, ce que Kant appelle le «règne des fins».]

> [Note 426: *Théod.*, § 146, p. 547b—548a;—*Ibid.*, *object.* 2, p. 625.]

86. Cette Cité de Dieu, cette Monarchie véritablement universelle est un Monde Moral dans le monde Naturel, et ce qu'il y a de plus élevé et de plus divin dans les ouvrages de Dieu: et c'est en lui que consiste véritablement la gloire de Dieu[427], puisqu'il n'y en aurait point, si sa grandeur et sa bonté n'étaient pas connues et admirées par les esprits: c'est aussi par rapport à cette Cité divine, qu'il a proprement de la Bonté[428], au lieu que sa sagesse et sa puissance se montrent partout.

> [Note 427: *Théod.*, p. 523b-524a, 78: «À la vérité, Dieu formant le dessein de créer le Monde, s'est proposé uniquement de manifester et de communiquer ses perfections de la manière la plus efficace et la plus digne de sa grandeur, de sa sagesse et de sa bonté...» Il est comme un grand Architecte, qui se propose pour but la *satisfaction ou la gloire* d'avoir bâti un beau palais...» Mais la gloire, ainsi comprise, ne peut exister que s'il y a des esprits pour concevoir les œuvres qui la fondent.]

[Note 428: *Lettre à M. l'abbé Nicaise*, p. 792: L'amour «a proprement pour objet des substances susceptibles de la félicité», c'est-à-dire des esprits.]

87. Comme nous avons établi ci-dessus une harmonie parfaite entre deux Règnes naturels, l'un des causes Efficientes, l'autre des Finales, nous devons remarquer ici encore une autre harmonie entre le règne Physique de la Nature et le règne Moral de la Grâce[429], c'est-à-dire entre Dieu, considéré comme Architecte de la Machine de l'univers, et Dieu considéré comme Monarque de la Cité divine des Esprits[430].

[Note 429: Le *règne physique de la nature* comprend à la fois la matière et les monades dépourvues de raison. Et, par conséquent, la finalité y entre déjà et comme par deux portes: elle est la loi qui préside au développement tout intérieur des monades; de plus, elle est la loi suivant laquelle Dieu les harmonise du dehors avec leurs corps respectifs et l'univers, comme on ferait deux horloges. Le règne moral de la grâce comprend les monades qui se sont élevées jusqu'à la raison, ou esprits. Ainsi le règne moral de la grâce ne s'oppose pas au règne physique de la nature, il l'achève: il n'y a plus en lui que de la finalité, comme dans l'idée distincte il n'y a plus de matière. «Tout va par degré», et sans rupture, de la nature à la grâce, ainsi que le veut la loi de continuité.]

[Note 430: *Théod.*, § 62, p. 520;—*Ibid.*, § 74, p. 522;—*Ibid.*, § 118, p. 534b-535a;—*Ibid.*, § 248, 578b-579a;—*Ibid.*, § 112, p. 533a;—*Ibid.*, § 130, p. 541;—*Ibid.*, § 247, p. 578b.]

88. Cette harmonie fait que les choses conduisent à la Grâce par les voies mêmes de la Nature, et que ce globe par exemple doit être détruit et réparé par les voies naturelles dans les momens, que le demande le gouvernement des esprits pour le châtiment des uns et la récompense des autres[431].

[Note 431: *Théod.*, § 18 et sqq., p. 508b et sqq.;—*Ibid.*, § 110, p.532b;—*Ibid.*, § 244-245, p. 578a;—*Ibid.*, § 340, p. 602b-603a.]

89. On peut dire encore, que Dieu comme architecte contente en tout Dieu comme législateur, et qu'ainsi les péchés doivent porter leur peine avec eux par l'ordre de la nature, et en vertu même de la structure mécanique des choses; et que de même les belles actions s'attireront leurs récompenses par des voies machinales par rapport aux corps, quoique cela ne puisse et ne doive pas arriver toujours sur le champ.

90. Enfin sous ce gouvernement parfait il n'y aurait point de bonne Action sans récompense, point de mauvaise sans châtiment; et tout doit réussir au

bien des bons[432], c'est-à-dire de ceux, qui ne sont point des mécontens dans ce grand État, qui se fient à la Providence, après avoir fait leur devoir, et qui aiment et imitent comme il faut l'Auteur de tout bien, se plaisant dans la considération de ses perfections suivant la nature du *pur amour* véritable, qui fait prendre plaisir à la félicité de ce qu'on aime[433]. C'est ce qui fait travailler les personnes sages et vertueuses à tout ce qui paraît conforme à la volonté divine[434] présomtive ou antécédente, et se contenter cependant de ce que Dieu fait arriver effectivement par sa volonté secrète, conséquente et décisive[435], en reconnaissant, que si nous pouvions entendre assez l'ordre de l'univers, nous trouverions qu'il surpasse tous les souhaits des plus sages, et qu'il est impossible de le rendre meilleur qu'il est, non seulement pour le tout en général, mais encore pour nous mêmes en particulier, si nous sommes attachés comme il faut à l'Auteur du tout, non seulement comme à l'Architecte et à la cause efficiente de notre être, mais encore comme à notre Maître et à la cause finale qui doit faire tout le but de notre volonté, et peut seul faire notre bonheur[436].

[Note 432: Mais ce n'est pas que l'évolution des lois de la nature doive parvenir dès la vie présente à cette harmonie totale. Il faudra que nous quittions «notre guenille» pour voir l'accomplissement de la justice (V. *sup.*, p. 85-86).]

[Note 433: V. *sup.*, p. 84.]

[Note 434: «... Quand on est bien pénétré des grandes vérités de la providence de Dieu et de l'immortalité de nos âmes, on conte pour peu de chose les plaisirs, les honneurs et les utilités de cette vie, qui est si courte et si inégale. Le grand avenir est plus capable de toucher, et celuy qui connaît assez les perfections divines pour en être charmé, est parvenu à ce pur amour dont les motifs sont encor plus nobles que tous les motifs des craintes et des espérances futures de l'enfer et du paradis détachées de la possession de Dieu» *Réflexions sur l'art de connaître les hommes*, p. 142-143.]

[Note 435: Cette distinction entre la volonté *antécédente* et la volonté *conséquente* est prise de saint Thomas d'Aquin (*S. th.*, I, XIX, 6, ad 1; *De veritate*, XXIII, *a*, 3, *c*). Mais Leibniz l'exprime d'une manière assez neuve. «Dans le sens général, écrit-il, on peut dire que la volonté consiste dans l'inclination à faire quelque chose à proportion du bien qu'elle renferme. Cette volonté est appelée *antécédente*, lorsqu'elle est détachée, et regarde chaque bien à part en tant que bien.» La «volonté *conséquente*, finale et décisive, résulte du conflit de toutes les volontés antécédentes, tant de celles qui tendent vers le bien, que de celles qui repoussent le mal: comme dans la mécanique le mouvement composé résulte de toutes les tendances qui concourent dans un même mobile, et satisfait également à chacune, autant qu'il est possible de faire tout à la fois» (*Théod.*, p. 510b, 22; —*Ibid.*, p. 535b, 119).]

[Note 436: *Théod.*, § 134 fin, p. 544a: «Ainsi la nature même des choses porte que cet ordre de la cité divine, que nous ne voyons pas encore ici-bas, soit un objet de notre foi, de notre espérance, de notre confiance en Dieu. S'il y en a qui en jugent autrement, tant pis pour eux…»—*Préf.*, 4 *a b*, p. 469;— *Théod.*, § 278, p. 587a. Ces deux derniers textes portent sur l'amour de Dieu: ils en montrent la nature et l'efficacité morales.]

Milton Keynes UK
Ingram Content Group UK Ltd.
UKHW010707240424
441619UK00004B/321